亲，我在丽水

心情文字＋旅游攻略＋记事本

吴仲银 谭怡 著

中国广播电视出版社
CHINA RADIO & TELEVISION PUBLISHING HOUSE

图书在版编目（CIP）数据

亲，我在丽水 / 吴仲银，谭怡著. -- 北京 : 中国广播电视出版社，2014.1

ISBN 978-7-5043-7066-2

Ⅰ. ①亲… Ⅱ. ①吴… ②谭… Ⅲ. ①旅游指南—丽水市 Ⅳ. ①K928.955.3

中国版本图书馆CIP数据核字(2013)第287686号

亲，我在丽水

吴仲银 谭怡 著

责任编辑 王丽丹
选题策划 天下奇美旅游文化传媒
版式设计 张龙道

出版发行 中国广播电视出版社
电　　话 010-86093580 010-86093583
社　　址 北京市西城区真武庙二条9号
邮　　编 100045
网　　址 http://www.crtp.com.cn
电子邮箱 crtp8@sina.com

经　　销 全国各地新华书店
印　　刷 无锡市江溪书刊印刷厂
开　　本 787毫米×1092毫米 1/32
字　　数 100（千）字
印　　张 6.375
版　　次 2014年1月第1版 2014年1月第1次印刷

书　　号 ISBN 978-7-5043-7066-2
定　　价 50.00元

丽水没有什么景点

丽水就活在风景里

序

美丽的风景，总是在远方。人这一生，仿佛一直在徒步，走过四时风景，历经流光徙转，只为了找寻一个安稳的归宿，邂逅命定的缘分。平凡的你，平凡的我，背负岁月的行囊，漫步于人间烟火，不知道这场旅程到底有多远。

有些人，历尽百转千回，亦不能平静终老。有些人，耗费几载光阴，便可以安身立命。心中的桃源，梦里的南山，究竟在何处？也许只是一条河的距离，也许只是一座桥的长度，也许推开尘封的窗扉，就落入你眼前，也许在世事飘忽不定之时，就可以将它遇见。

丽水，一次偶然的相遇，就为之魂牵梦萦，不肯离去。它是远别重逢的故人，让人有一种风雨归来的闲淡与宁静。它不必挽留，你自会为其恬淡风采，而悄然止步，始信彼此有过前世旧约。它无须言语，你只泡一壶野茶，甘愿与它安静相对，白首到老。

有人说，当各路游子沉浸在丽江的蛊毒里不可自拔，丽水则偏安于江南深处，还一个人躲在瓯江边静静浣纱。丽水，如同一位神秘贞静的隐世佳人，守着她的天然净土，不喜相争，今生只候有缘客。

当年，那个风一样的老吴，比我早来了一步，预先做了瓯江边一位耕云种月、量晴校雨的雅士。在静美的瓯江之畔，修竹一间木屋，看黄昏休憩的白鹭；在聚散有序的梯田之上，种下了宿命的前因；在开满杜鹃的山头，看尽人间芳菲；在古老的戏台上，唱一场惊梦游园。

究竟还有什么，是我不能放下，误了这段丽水之约。是该忘记过往漂泊的旅程，沧桑旧事，在明山秀水的江南，折一片风景，林泉归去，卧隐溪云。这里有世间最朴素的风物，最淳厚的人情。丽水，让你远离纷繁，亦远离淡漠，在古老美丽的瓯江畔，陪她浣纱，小舟江湖。

时光水岸，旧物还是当初的旧物，情怀亦如当年。如果曾经只为了装点别人的风景，有一天，我们亦会成为风景中的人。在丽水，再也不必说离开。

白落梅

癸巳年秋

瓯江，最浙江

这是一条叫瓯的江，发源于浙江的丽水，是浙江境内唯一省内发源省内入海的水系，是浙江水系里的嫡系。

瓯，瓶瓶罐罐的意思，这些瓶瓶罐罐，中文叫“龙泉青瓷”，古代就是出口创汇大户，当时法国佬还给取了个“雪拉同”的洋名。

前几年，联合国干脆给“龙泉青瓷”发了一块国际老字号牌子——世界非物质文化遗产，很拽的是，这是陶瓷家族唯一进入世界非遗目录的。想必那位叫叶绍翁的丽水人早有预见了，他说“满园春色关不住，一枝红杏出墙来”，老人家真是好眼力。

大自然很是神奇，地图上看，瓯江水系呈树枝状，丽水的龙泉溪、松阴溪、好溪、大溪、小溪汇成干流，一路蜿蜒，向东出海。赋予这“树枝状”的瓯江以清澈的，是让人惊叹的高密度森林植被。

沿瓯江，一路向东，点缀着一个个很文艺的地名：庆元、龙泉、云和、松阳、遂昌、缙云、莲都、景宁、青田……

在丽水，醉了你的不是农家米酒，而是负氧离子，在清澈水源和原生态美食面前，大都市人只能“羡慕嫉妒恨”！

好好走一遍，你会发现——

瓯江，其实最浙江。

目录

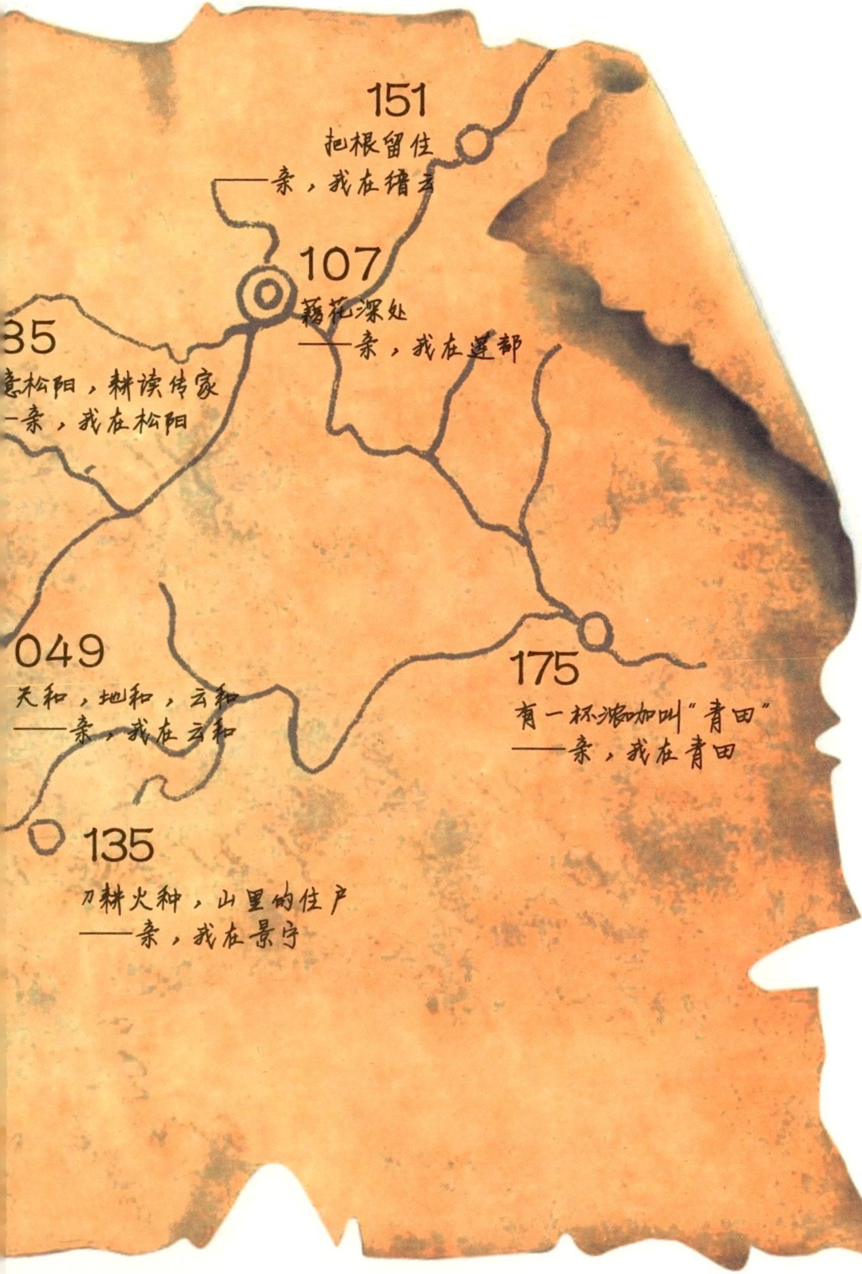
151
扎根留住
——亲，我在缙云
107
藕花深处
——亲，我在莲都
35
意松阳，耕读传家
亲，我在松阳
049
天和，地和，云和
——亲，我在云和
175
有一杯浓咖叫"青田"
——亲，我在青田
135
刀耕火种，山里的住户
——亲，我在景宁

唐宋普通话，廊桥遗梦
亲，我在庆元

小心醉氧

这里没有“沙逼”只会“醉氧”

前段时间，在网上看到这样一个段子：一北京哥们去瑞士滑雪，一下飞机，头一口气就呛晕菜了。“丫这儿空气忒纯了，醉氧！”急救车一到，他挣着命冲大夫一比划：China!大夫立马明白了：OK!把氧气袋放掉，接了袋汽车尾气，插上管没言语。丫一闻，哇靠，味儿真正！呼吸舒畅浑身通泰，好啦！

在丽水庆元，这种狗血的桥段也时常发生。

庆元，一座山水与城市交相辉映、人与自然和谐相处的宜居之城。闭塞的交通，让人文情趣与民间胜境得以保留。这里不仅有江浙第二高峰百山祖，还有三朝文化、千年廊桥、百年进士村……而最值得一提的，则是这里甜蜜的空气。

2004年，国家环境监测总站根据卫星遥感数据和生态环境现状调查数据，从生物丰度、植被覆盖、水网密度、土壤退化、污染负荷五个方面计算出全国各地生态系数指数EQL并进行排序，庆元在全国2348个县市（区）中名列第一，成为实实在在的“中国生态环境第一县”。

置身于群山环绕的绿色仙境，雾霾、沙尘暴只能是一种传说。每立方米空气负氧离子含量10018个，让这里到处弥漫着幸福的味道。如果你是第一次来庆元，真的要小心，别被这里的空气呛晕菜！

在庆元，哪怕你什么都不做，只要找个有山有水的地儿，闭上眼睛，迎着扑面而来的空气深呼吸，就绝对不枉此行。

在庆元甜蜜的空气中，你可以像个小孩，肆无忌惮地撒欢儿。

冷杉故乡——百山祖

百山祖

百山祖位于“中国生态环境第一县”庆元县百山祖乡境内，最高峰百山祖海拔1856.7米，为浙江省第二高峰，被誉为“百山之祖”，是瓯江、闽江、福安江的发源地，素称“三江之源”；负氧离子高达100000个/ m^3。

“百山祖冷杉”被国际物种保护委员会列为世界最濒危的十二种植物之一，全世界仅存三株，为百山祖所特有。百山祖冷杉、日出、日落、原始森林很值得一看。

门票：

- 成人票80元/人（未含换乘费用10元/人）；
- 60岁-70岁老人凭有效证件、1.2米-1.5米儿童在校学生、教师凭有效证件享受半票；
- 儿童身高1.2米以下、老人70岁以上持老年证、军官、残疾人（持相关证件）均免票。

庆元最容易“醉氧”的地方

自驾线路：

1.上海、杭州方向：杭金衢高速—长深高速—庆元出口—景区。

2.温州方向：金丽温高速—龙庆高速—庆元出口下—景区，总行程约315公里。

3.宁波方向：甬金高速—金丽温高速-龙庆高速—庆元出口下—景区。

公共交通：

在庆元汽车客运站乘坐庆元—百山祖的景区巴士，12元/人，每天2个班次，8:00、13:00。庆元至百山祖景区通景公路目前已建成，全程25-30分钟。

贴士：

1.入口到百管站招待所与一般的景区没差别。百管站招待至山顶，比较原生态，非常漂亮。

2.山顶的百山祖管理站可以提供吃饭住宿服务，适合驴友、摄影及避暑等人群。山下低碳区有纯手工做的麻糍和豆腐脑，味道也很不错。

3.景点内可以自愿买10元钱的车票，由电瓶车送上海拔1500多米的山顶，再从山顶沿游步道往下游览，比较轻松！

野幽秀奇
——巾子峰

巾子峰森林公园距庆元县城17公里，主峰海拔1561米，是浙江省庆元县城附近最高的山峰，在这里可俯视两省三县。公园森林覆盖率高达98%，拥有省内罕见的万亩天然次生阔叶林带，胸径50厘米以上的参天大树随处可见。

巾子峰以云著称，终年云雾缭绕。相传，五都村的明代状元刘知新在游玩巾子峰时，突然看到有一朵金色的云彩飘来，同时遇见一位老人不慎被蛇咬伤。刘知新为老人吸出蛇毒，敷上草药，并对答如流应对老人出的对子。老人大喜，现了真身，原来是八仙之一的铁拐李。老人留下一句话：“巾子祥云动，状元及第归”。刘知新果然高中状元。于是，此景被誉为“巾子祥云”，成为“濛洲八景”之一。

门票：成人票50元。

自驾线路：

1.上海、杭州方向：杭金衢高速公路至金华，转金丽温高速至丽水，进入龙庆高速至庆元，到庆元会溪转至巾子峰。

2.温州方向：金丽温高速至丽水转龙庆高速至庆元，到庆元会溪转至巾子峰。

3.福州方向：福南高速公路至南平进入二级公路至政和二级公路到庆元会溪转至巾子峰。

4.福建寿宁：四级公路经岭头到庆元会溪转至巾子峰。

公共交通：

巾子峰森林公园距庆元县城17公里，可以先前往庆元县城再去森林公园，有公交车前往。

贴士：

1.要注意科学安排游览和住宿时间，争取日落赶至固定住宿接待场所。

2.要注意做好防止蚊虫叮咬和防止毒蛇袭击的准备。

3.要注意着装穿戴。鞋子要跟脚防滑，衣服要贴身，不要穿过于裸露的服装，避免滑倒和树枝扯挂。

庆元最容易“醉氧”的地方

高山草甸任你撒欢

——双苗尖

双苗尖风景区位于庆元县东部洞宫山脉东南麓，与泰顺、景宁和福建省的寿宁毗邻，距县城90公里。双苗尖主峰海拔1626米，以高山奇石、高山草甸和高山湿地著称。

因有高、低两座山峰相对，像两棵茁壮成长的树苗，故名双苗尖。两峰之间及周围山坡均为草地，局部砂石裸露成片状。登上双苗尖顶峰，举目远眺，峰峦起伏，青山云海一望无际。若是在这里观日出，那美景绝不亚于泰山顶上的惬意。

自驾线路：

1.上海、杭州方向：杭金衢高速公路至金华，转金丽温高速至丽水，进入龙庆高速至庆元，到庆元江根乡转至双苗尖。

2.温州方向：金丽温高速至丽水进入高速公路，进入龙庆高速到庆元江根乡转至双苗尖。

3.福州方向：福南高速公路至南平进入二级公路至政和二级公路到庆元江根乡转至双苗尖。

4.福建省寿宁：四级公路经岭头到庆元江根乡转至双苗尖。

公共交通：

庆元→江根乡政府→登双苗尖，一天三个班次，6:40、10:20、11:30，票价25元/人。

贴士：

1.可找当地农民当向导兼挑夫，既可避免找错地方，又可放下包袱轻松登山。最好让当地农民提供一种适合套在脚上的塑料袋，丛林中水蛭（蚂蟥）极多，套上这种塑料袋可以防止被叮咬。

2. 山脚虽然溪水清冽，但到山顶就没水了，须备足饮料。

去大济 做一回『唐朝人』

到庆元，不妨跟当地老百姓学习一下方言，做一回“唐朝人”。

2002年，日本爱媛大学语言学教授秋谷裕幸在北大中文系做学术报告，他发现浙江省庆元县保存完好的上古音和中古音。庆元方言被人们称为“唐音”，《光明日报》曾经发文，称庆元方言就是唐宋普通话。

2005 年，庆元人吴式求参与编纂《庆元县吴氏大统谱》。他在接触吴氏家谱后发现，吴姓始祖吴祎便是庆元方言的源头。据吴氏家谱记载，吴祎系晚唐时一名京官，为避战乱来到庆元。当时的庆元“地皆天设之险，野少夷旷之区”，吴姓家族便在这个荒僻之地生存繁衍，吴姓也逐渐称为庆元第一大姓，占全县人口的三分之一。

庆元人“张口即古音”，如田螺的“螺”，庆元方言念 lei；“鸟”读作 diao；“吃饭”读作“咥（die）饭”。许多古音在别的地区早已消失，在庆元话中却都“活着”，都能在《诗经》、《史记》、《集韵》等书中找到古音古字。

到庆元，不妨走走大济村，跟村民学上几句庆元话，在老墙根下，用“唐音”朗诵唐诗宋词，也不失为一种很好的体验。

董昌之乱唐末地方割据现象严重，董昌是一个士族势力的代表，曾任义胜军节度使，割据两浙，后自称大越罗平国皇帝。为避董昌之乱，公元904年，当时在京当官的吴姓先祖吴祎来到松源镇，并在此繁衍生息，吴姓成为庆元的大族，并成为庆元的第一大姓。而这一时期，出于望族的胡氏先祖胡訢也因避董昌之乱，迁到庆元。他们的到来，带来的是唐代的官话，在与当地叶氏等居民的交融中，形成了庆元方言，并在子孙中口口相传，形成了独特的庆元方言。

“三朝文化”大济进士村大济位于庆元县城东南2公里处，是唐音、宋桥、明清古居“三朝文化”荟萃地。自宋仁宗天圣二年（1024年）至宋理宗宝佑四年（1256年）的二百三十年间，陆续出现了25名进士及非进士出身涉足仕途者一百余人，加上明朝的一位进士共26位，故有“进士村”美誉。村里至今仍完好保存着古地道、扁鹊庙、双门桥、金毯街、迎旨门、明清古民居、古墓群等名胜古迹十余处。

亲！
我在丽水

我的旅行日记

那些年，他建造的廊桥

——吴复勇的廊桥情缘

庆元不仅仅是菇乡，也是中国著名的廊桥之乡。说到庆元廊桥，就必须提到一个人，那就是民间艺人吴复勇。

小而瘦，话不多，但说到廊桥就滔滔不绝，是他给我的第一印象。

第一次见到吴复勇，是在几年前，第一次到丽水庆元大济村采访。那时，村里的旅游刚刚起步，吴复勇是当时的村长。走进大济村吴复勇的家，阳光正好，院子里种着许多兰花。他带我到二楼，参观他的“廊桥博物馆”：各种按比例缩小的廊桥模型整齐地摆放在一个朝阳的房间里，太阳洒在油漆过的木制廊桥模型上，让人顿生穿越之感。

房间的桌子上，一座有着密密麻麻拱斗的廊桥模型吸引了我的注意力，吴复勇介绍说：“这个廊桥光中间这个拱斗就2600多个，为了真实再现古代工匠造桥工艺，这座廊桥模型做了整整一年。”

吴复勇的廊桥模型完全采用古代木拱廊桥的技艺，不采用一根钉子，完全靠木头之间的咬合和搭契。为制作木拱廊桥桥模，他还专门自制了一套包括刨、凿等在内的微型工具，其中一个刨只有小拇指般大小。此外，吴复勇还经常上山寻找各种木料，在经过去皮、晾晒等程序后，作为桥模的材料，最细的材料几乎和火柴棒相当。

吴复勇修建廊桥最大的一个特点，就是没有图纸，廊桥的设计及构造只存在于他的脑子里。这在现代桥梁的建造中，完全是一件不可想象的事情，然而它却真实地存在着，并且被吴复勇一次又一次地用实践证明。

吴复勇和廊桥的结缘，还要从80年代说起，二十多岁的他和堂弟吴锡武一起跟随父亲修廊桥，对廊桥的兴趣，也是从那时慢慢累积的。“平时除了做木工维持生计，就是在家做廊桥。”

到现在，已经三十年过去了，当时的学徒，已经变成庆元家喻户晓的“廊桥艺人”。吴复勇参与设计、修缮及建造的廊桥有松源镇咏归桥、濛洲桥、和山慈照廊桥、大济路沿木拱廊桥、举水乡如龙桥、如凤桥等。

最近一次见到吴复勇是在2012年8月，当时我在古堰画乡租了两间老房子，他带着三个廊桥艺人来帮我装修江边老屋。

许久未见，他还是那么瘦小，只是比以前更健谈，也更黑了。

聊天中，他告诉我，为了纪念地震两周年，2011年5月12日，他主持修建的四川青川石坝乡红石廊桥落成，目前正在温州泰顺建造世界上跨度最长的一座廊桥。

现在，泰顺的廊桥已经竣工，但是我还没去看。

造桥习俗

庆元木拱廊桥在营造过程中，有一整套独特的传统民间习俗。尽管这些习俗大多带有浓厚的宗教色彩，然而它是千百年廊桥历史形成的一种文化现象，也是廊桥文化的重要组成部分。一座木拱桥的兴建，自始至终，大致有以下几个主要传统民间风俗：选择吉日、祭河动工、发锤起拱、南山伐梁、露天制梁、上苗梁、上栋梁、踏桥开走、圆桥谢众等。

廊桥是如何建成的？

第一步选桥址。 一般情况下，桥台地理位置的选择要兼顾乡村“风水”。由于这层原因，桥址的位置一般都选择在乡村溪流的下游，俗称“水尾”的地方，也就是传统风水学中溪流形成的风口，以求保住乡村之“风水”。另外，还要看周围的山形地势，通常选在两岸山脉逶迤与溪边处，按民间的说法，廊桥建好之后能把“龙脉”接在一起。同时，还要考虑桥址两岸有坚固岩石供砌筑桥台用，并且尽量要选择两岸相对较窄之处，这样可以缩短桥拱的跨度。

第二步砌桥台。 桥台有些是用溪两岸的石材砌成，有些是由溪边天然石构成。两岸桥台相距短者十余米，长者数十米，如何测定溪流两岸的桥台水平呢？过去，木匠既没有塑料软管来测水平，更谈不上用水平仪了，古代造桥木匠创造麻绳加水平尺法。选长4米左右、宽0.1米的直方木料一根，在木料中间凿一个长形的凹槽，制成旧时的“水平尺”。测量时，两人在桥台拉紧麻绳，让麻绳平行于“水平尺”以测出桥台的水平高度。

第三步架桥拱。 架桥拱是整个廊桥建造过程中最为关键的核心技术。图片上反映的是安装“三节苗”、“五节苗”、“剪刀苗”、“蚱蜢腿”这样一套流程。造桥的时候先是用数十根粗大圆木，纵横交错成拱，这个叫三节苗，这是木拱廊桥的第一个系统；在上好三节苗的受力系统安装好的基础上，要上五节苗，这是第二个系统；然后利用两个系统之间的相互咬合，形成整体，共同承受荷载。再用剪刀苗、“青蛙腿”固定左右，受力均匀。整个拱架酷似“喜鹊窝”，因此，廊桥又形象地称之为“喜鹊窝桥”。

木拱架搭好了之后，用什么和上边的廊屋连接呢？用的是将军柱。桥两端四根“将军柱”从木拱架底垫木直通廊屋顶部，使廊屋与木拱架浑然一体，重心下移至底，起到稳定重心的作用。

第四步铺桥面。 桥面一般三种：一是木板桥面；二是砖铺桥面；三是石铺桥面。当采用砖铺桥面和石铺桥面时，庆元木拱廊桥首先在桥面板上铺一层箬叶、再铺一层木炭，然后再填砂石料，砌桥面砖或桥面石。这样可以增加透气通风效果，防止桥面板受潮腐烂，延长使用寿命。由于砖铺桥面和石铺桥面增加了桥体的自身重量，因此增加了桥的稳定性，同时起到防火作用，十分科学合理。

第五步造桥屋。 廊屋多采用“四柱九檩抬梁式结构”，高度与宽度没有统一的规定，从中心间先架，然后由中心间向两头扩展。廊屋顶形式多样，有的是简朴的双坡顶，有的飞檐翘角，雄伟壮观。盖完屋顶，做好神龛，钉好挡风雨板（又称鱼鳞板），至此整座桥就基本建造完工。

月山村：

赶一趟最山寨的春晚

大年初二，过丽龙高速到庆元县城已经是傍晚，为了探访神秘的月山村，事先告知了当地的朋友。朋友提醒我们去月山村的山上公路已经有了较深的积雪，千万注意小心驾驶。

天已经黑了。路旁的积雪泛着白光，在很多关键路段，积雪已经被交警部门用铲雪车处理过了，总体路况还算不错。

在神秘的黑暗中，我们的车继续向前行进。这时候，一位同伴的mp4里飘出了一首乔维怡的“月亮河”，深邃悠长的旋律很是应景。

在拐过一个山口之后，隐隐约约看到前方几十米处有一座桥横跨在溪涧之上，它在山中水气笼罩之下变得朦朦胧胧，很有几分神秘的色彩，想必就是那座宋代已经存在的木拱廊桥——如龙桥，这是一座国宝级的廊桥。

沿着刚被山雨洗刷过后的青石板小道，月山村就在眼前。今天想来，这样的山村真的不多了。月山村很深，一路几乎都是蜿蜒的山路；和她的名字一样，山村很安静，安静得让人觉得不安，自己的到来，会不会扰乱了这一方仙境的秩序。

好在知道这个村大多数人都姓吴，自然也就不陌生了。正值春节期间，就当走亲戚了。而这一走，有幸赶上了一趟最山寨的春晚……

也许是过年的缘故，这里的人们对于春节添置年货的欲望，并不是太强烈，倒是对团圆聚会分外在意。

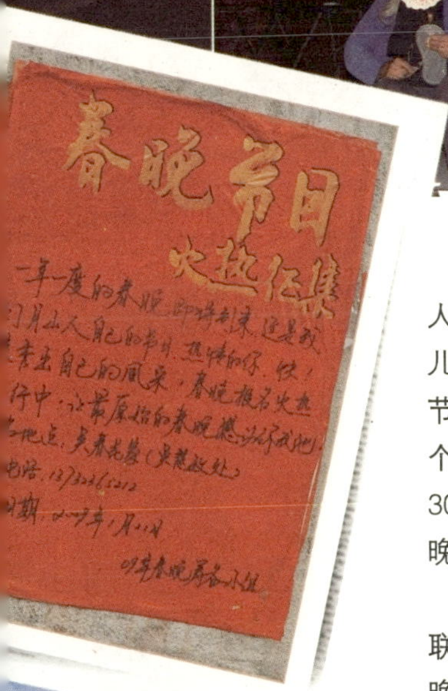

听随行的当地朋友说，这几天村里的年轻人多了不少，一些在外务工、上大学的“芽儿”们都回家过年了。其实，对于每年的春节，月山村人不仅仅是“家”的聚会，更是整个村的聚会，因为，有一台据说已经举办了近30年的全部由村民自编自演的月山村春节联欢晚会将上演。

各家各户的门前，都已经贴上了大红的春联。墙壁上，一张好多天前就糊上去的“月山春晚节目火热征集”的“大字报”十分惹人注目。

小桥上挂着多盏由某酒厂赞助的红灯笼。其实，我知道，在这样的山村里，人们酒桌上喝的很多都是自家用纯粮酿造的土酒自饮或招待客人。

村民说，每年的春晚，这里都会来很多外地游客，其实，那条“有客自远方来，不亦乐乎”的横幅已经说明了一切。

天还没有黑，许多村民已早早地来到了乡政府的会场。会场后面的墙上，悬挂着一些画像，右边的墙壁上则是介绍庆元语言在中国现存语言中“活化石”般地位的文字。

会场上的人越聚越多，相邻村的村民来了，杭州、上海、温州的客人来了，一块大红布是舞台的大背景，上面有一个巨大的“春”字。18点30分左右，晚会终于开场了……

也许你看惯了都市里各种各样的晚会，也许你想象不出这台深山村里的晚会有多么的“土”，锄头倒过来上面挂着不锈钢的锅盖就成个打击乐器，磨豆腐、木犁耕田、抓黄鳝、编草鞋，这些对于都市人早已经陌生、但是对于月山村人耳熟能详的“节目”紧紧抓住了观众的眼球。

有意思的是，凡是在央视春晚上演的基本元素在这台山寨版春晚上都能找到。小品、独唱、合唱、时装秀、还有舞台剧，但是，月山村的春晚却有别样的精彩。

已经记不得是哪一年了，反正是1月24日，中央电视台《新闻联播》播出了这台最山寨版春晚的部分节目，整个山村沸腾了。这台比央视的春晚都要年纪大的晚会终究亮出了她的魅力。

一台原本村民们自娱自乐的晚会，就这样，融入到了全国电视观众的视野中，对于这个小山村来说，是破天荒的第一次。

月山村里的一家叫“龙湫清舍”的农家乐主人早已在等候多时了。进屋坐下后，热腾腾的山间野菜让我们这些来自都市的客人胃口大开，“风卷残云”般的嚷着还有什么宝贝快端出来。饭后，尽管没有空调，但在电热毯的暖和下，客人们枕着屋子旁潺潺的溪流声，想象着明早起床后可以见到的美景，渐渐地进入了梦乡……

“二里十桥”月山村距庆元县城57公里，因后山形如半月，村前溪水曲似银钩，村庄坐落其间，如同山环水抱的一轮圆月，故名月山。月山村以“举溪古八景”和“二里十桥”闻名，是一个自然和人文浑然一体的世外桃源。古时月山村首至村尾一公里左右的举溪上建有10座廊桥，现在，这里仍保存完好的廊桥有5座，包括如龙桥、来凤桥、步蟾桥、秆坑桥、白云桥。

龙湫清舍：

依山傍水而建，由乡小料厂改建而成，独立于村中心之外，特色菜有野生牛杆菌炖鸡、笋干炒肉片、糙米饭、土猪肉、溪鱼等，食材均采自天然。住宿共用卫生间和洗澡间，食宿人均100元/天。舍主吴惠均，每年月山村春晚，都会去拉上一把胡琴。从庆元县城出发，乘7：00、9：00、11：00、1：00的客运班车可到达。自驾游客从月山村政府拐弯向山上开，几分钟即可到达。电话：13735982273。

不可错过的“一条腿”美食

吃四条腿的不如吃两条腿的，吃两条腿的不如吃一条腿的。在庆元，最有名的美食，莫过于这只有一条腿的香菇。

姬菇绿茶汤圆、鱼甜菇香、玻璃金针菇……吃惯了鸡鸭鱼肉的城里人，简直要被这“一条腿”的美食惊呆。

庆元百菇宴以食用菌及野味为主料，采用炸、熘、爆炒、薰炖、烩蒸等多种烹饪手法，兼具两百多种味道，既有清淡宜人之南味，又有鲜香咸辣之北味，具有极高的保健功效。

除了食材的特殊之外，庆元人还把廊桥、乡村风情等菇乡文化元素搬到了桌上，百菇宴的雕刻、摆盘、用具和装饰也充满了浓郁的庆元特色。

把廊桥吃进肚子里，你敢吗？

“庆元的农家菜有着不一样的特点，在席间你会见到一个大脸盆，里面有大块的鹅肉＋芋头＋笋干，满满地堆上去。别看外表，无论是肉还是芋头、笋干，都有着与它们卖相戛然不同的鲜嫩，特别是笋干，在盆中是黑黑的，粗陋的，其实它是由嫩笋＋早春的暖阳晒出，放在嘴中，就能品出其中的温柔。”

什么鬼东西

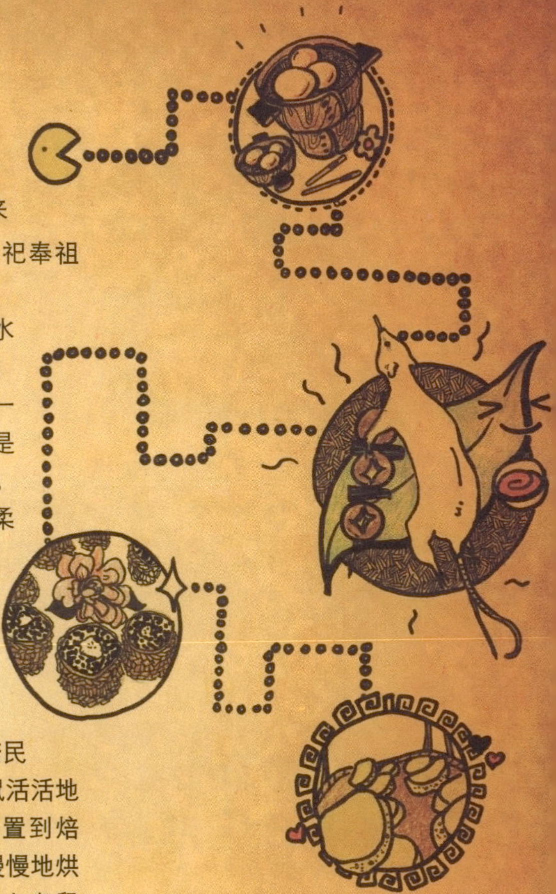

鬼馒头：每逢农历七月十五日，庆元各宗祠要请僧道来斋醮，并做馒头分发给族人祀奉祖先，民间亦称为“鬼馒头”。

“鬼馒头”选上等糯米经水浸透，细磨为浆糊状后再榨干，为包馅的皮。馒头分两种馅：一种是用红糖掺苦菜干，另一种是将山豆磨成细粉后掺入白糖。“鬼馒头”洁白晶莹，爽口柔软，老人小孩都喜欢吃。

山老鼠腊：在庆元一带，最好的腊制品，当属菇民上菇山期间精心制作，回味无穷的“山老鼠腊”。

山老鼠爱偷吃鲜香菇，菇民用各种自制的捕兽器将山老鼠活活地逮回寮棚，去毛开膛洗净，置到焙笼，用文火加上少许的谷糠慢慢地烘干，称为“山老鼠腊”。“山老鼠腊”配上油盐酱辣及砂糖、老姜、葱蒜、茴香等佐料烹调，吃起来脆中带韧，咬劲足，回味无穷。

乌饭：农历四月初八吃乌饭是庆元黄田、竹口一带的民间习俗。乌饭的做法是，用一种叫“乌饭芦”的灌木叶子放在锅中煮烂，然后取其乌黑色的汁液拌入糯米之中，再加上瘦肉搅拌，经文火炊透便成乌饭，其味清香可口，使人食欲顿增。

相传，古时候黄田有一位叫石驮的农民触犯了官府，被抓到县衙里坐牢。古时，坐牢的人要家里给送饭，否则会饿毙身亡。其妻明珠挑着大米到县城，在亲戚家住下，一日三餐把米饭用油盐炒得香喷喷，送到大牢里给丈夫。牢卒们一见到亮油油、香喷喷的大米饭，馋得口水直流，明珠送去的炒饭都被牢卒扣除，吃到他们自己的肚子里，石驮能吃到的所剩无几。有一日探监，明珠隔着铁窗看着皮包骨头的丈夫，泪珠涟涟，无计可施。

回到亲戚家，明珠痛哭了一场之后终于想出了送饭的好主意。天微微亮，她就上山采回一篮“乌饭芦”叶，放在窝里煎了一大碗乌黑的叶汁，然后用它煮了一小锅饭，一锅米饭变得乌黑发亮，味道比原来更香。牢卒们一见到“乌饭”，都以为一盘烂饭，捂着鼻子，叫明珠自己直接送给丈夫。明珠把饭端到石驮面前，石驮亦感到莫名其妙，待妻子把“乌饭”的来由告诉他后，石驮感激地接过“乌饭”，不久就恢复了体魄。一年后，石驮期满被释放回家。

后来，这一带人们便在四月初八明珠的生日这天做“乌饭”吃，此习俗一直流传至今。

黄粿：取山中一特种灌木烧成灰，沥其汁，浸上等优质粳米至米色橙黄，冲洗装入饭甑蒸熟，然后放在舂臼中，将其舂成粿团，然后分切小块，趁热将其揉压成扁圆等各种形状即成。庆元黄粿黄里透绿，色泽晶莹、清香柔韧，十分可口。将粿切成薄片，用肉丝、青菜、冬笋等为佐料爆炒，色味更佳。

停下来，读懂丽水。

土与火的交响，铁与火的较量

亲，我在龙泉

金庸与龙泉剑

那一日，奇峰峻岭之上，一位“剑客”迎着旭日安然静坐，幽谷险道之间，一位长发美女携剑在蜿蜒的山道上灵巧跳跃。

路上摆上棋局、美酒。渐渐的，涌起的云海将“侠侣”包围在世上罕见的悬崖绝顶之上，空气里似乎也暗藏了种种“玄机”，一场惊心动魄的高手论剑就这样开始了。

这是金庸的武侠小说《神雕侠侣》里的场景。一个现成的天然摄影棚，主人公手中秉持的剑也是现成的，同时具备以上两个条件的只有一个叫龙泉的地方。

站在龙泉街头，一时间，恍如走进了金庸先生《笑傲江湖》中的廿八铺镇，一袭素服的女子，个个身配宝剑，趁夜疾行，悄然无声。突然之间，啸声四起，但见青光乱闪，锵锵声响，个个长剑出鞘，杀声震天。

剑，可以说是古代兵器中最为重要的武器，犹如现代的步枪。配一把长剑，只身行走江湖，行侠仗义，打抱不平，那是何等潇洒脱俗、豪气冲天的事。

不过如今你要是背一把宝剑行走都市街头，希望抑强扶弱、除暴安良，估计不到三分钟，警察就会把你

请去喝茶了。而在龙泉，因为剑是旅游商品，这一幕场景绝不会发生，说不准警察叔叔家里就是开剑铺的。

龙泉剑，应该在江湖上名头甚响，据说，龙泉自春秋战国以来就以铸剑名闻天下。在龙泉市区，剑铺鳞次栉比，彷佛回到了冷兵器时代。店堂内悬挂着一排排精美绝伦、斩铜如泥的宝剑，剑光闪烁，寒气逼人，隐

含着一股股萧杀之气。

李白有诗曰：“宁知草间人，腰下有龙泉”。令狐冲离开了剑就如同废人一般，蒋介石有一把“中正剑”。说到剑，还有剑法，金庸小说里最厉害的剑法有人总结出来有四种：“独孤九剑”、“太极剑法”、“辟邪剑法”和“金蛇剑法”，不知道其中哪种剑法使的是龙泉剑。

世界上没有无缘无故的爱，读金庸的武侠小说，里面很多侠客都喜爱用龙泉宝剑，金庸先生和龙泉大有缘分。

60多年前，在战火纷飞的抗战时期，他曾在丽水碧湖读过书，并到龙泉小住数日，对龙泉宝剑有所了解，知道龙泉宝剑的故事。

金庸在《笑傲江湖》中三次提到龙泉，并具体描述了龙泉宝剑、碧水剑以及龙泉铸剑谷、白云庵、水月庵等胜景，他把小时候对龙泉的印象不留痕迹地写进武侠小说的情节中。

金庸在《笑傲江湖》中所描写的“龙泉铸剑谷”就是欧冶子在龙泉的铸剑地——剑池湖，所提到的“自云庵”，也确有此庵，位于白云岩景区。他写龙泉宝剑削铁如泥，他写龙泉“碧水剑”断金削铁，寥寥数字就将龙泉剑的坚韧锋利的性能描述得一清二楚了。

叶放老先生是龙泉人，他见过金庸。叶放回忆说，金庸小说中之所以写到龙泉铸剑谷，有两个原因：一是因为当时他在龙泉曾有一些好朋友，二是对龙泉有很好的印象，因此他就很想在自己的小说里写一写龙泉，宣传一下龙泉宝剑。

龙泉宝剑系无情之物，本身没有正义与非正义之分。但是，当它被掌握在不同人的手里时却泾渭分明了。强盗可用之杀人越货，帝王可用之残害忠良，而将士则可用之杀敌卫国，侠客可用之除暴安良。古代老百姓所希望的就是后一种剑，并赋予它正义的化身。

去龙泉旅游，执一把锋利的宝剑，做一回行侠仗义的剑客也不错。

龙泉宝剑知多少

龙泉宝剑创始于东周，至今已有2500多年的历史，以「坚韧锋利，刚柔并寓，寒光逼人，纹饰巧致」四大特色而成为剑中之魁。

世传春秋时期，越国铸剑大师欧冶子奉楚王之命于龙泉秦溪山麓铸剑。《越绝书》载：「欧冶子凿茨山，泻其溪，取山中铁英，作剑三枚，曰：龙渊、泰阿、工布。」晋代以「龙渊」剑名在欧冶子铸剑地设立「龙渊乡」，唐朝因避高祖李渊讳，把「龙渊」改为「龙泉」，唐乾元二年（公元759年）置龙泉县，龙泉宝剑自此名扬天下，龙泉亦成为宝剑之代名。所谓「三尺龙泉」也就成为宝剑的代名词。

龙泉宝剑又名七星剑。相传秦溪山下有古井七口，排列形状如北斗七星，井泉甘寒清洌，欧冶子汲水淬剑，锋韧锐利，寒光逼人，刚柔并寓。今古井犹存一口，旁有欧冶子将军庙，所处位置就在青瓷宝剑往东二百米处。历代剑匠因敬仰欧冶子，每年端午节皆往剑池湖（井）挑水淬剑。

龙泉剑按性能分为硬剑、软剑、传统武术剑3类。硬剑以锋利见长，可刺可舞，开刃后能将叠合在一起的12枚铜币一劈为二而不伤刃，故有斩铜削铁之誉。软剑以柔韧著称，能屈能伸，其中腰带剑能弯成360。束于腰间，松开后剑身立即弹回，恢复原状。

雪拉同：世界曾为她倾倒

1689年至1700年，沿着“新航路”出发的第一艘远洋中国的法国商船“昂菲得里特”号顺利返抵巴黎，当一箱箱的货物被搬下船，并在灿烂的阳光下开箱检验的时候，人们惊呆了。箱子里是一件件极其精美的、来自中国的青绿色瓷器，法国人被这种青翠欲滴的色泽所感动，他们对瓷器的热爱几乎到了“癫狂”的地步。

能用什么样的语言和恰当的词汇来形容它们呢？巴黎人给它起了一个诗意浓郁的名字：“雪拉同”。

当时，巴黎正在上演根据名作家杜尔夫优美的爱情主题小说《牧羊女亚司泰米》改编的话剧《雪拉同》。剧中男主角雪拉同穿一件青色斗篷，那柔和的青翠色调和来自中国的青绿色瓷器色调相同，于是，怀着无比愉悦和敬仰的心情，法国人赋予了这批中国青瓷一个神圣而浪漫的名字——“雪拉同”。从这天起，“雪拉同”（英文Celadon）就成为了“中国青瓷”的专有名词，并且一直沿用到了今天。

有不少资料记载：现在的土耳其依司坦堡博物院，藏有宋元明三朝的龙泉大窑青瓷1350件。

青瓷之路

名冠世界的“雪拉同”是离不开青瓷之路的。

这是一条有别于“丝绸之路”的中外文化交流的途径。如果单就古陶瓷输出而言，“青瓷之路”的历史比“丝绸之路”要晚得多，但它的分布范围却比“丝绸之路”不知要大多少倍。

“青瓷之路”的黄金地段，也就是最精华的部分，就是八百里瓯江。因为当时几乎所有的大小青瓷窑场，都设立在瓯江及其支流的怀抱里。龙泉，则是青瓷之路的源头。

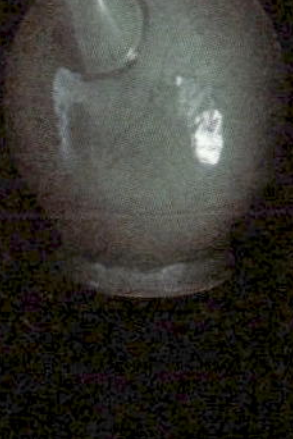

当我们翻阅已故日本陶瓷学家三上次男教授的著作《陶瓷之路》时，对这位用毕生精力研究龙泉青瓷古贸易的专家肃然起敬。

在20世纪60年代，他曾对亚洲和非洲滨海地区出土的中国古陶瓷进行广泛的调查研究。他亲手从埃及福斯塔特废墟中的六、七十万片陶瓷碎片中捡出一万两千片龙泉窑瓷片，对地处浙西南龙泉感情和挚热可见一斑。

三上先生终于在1986年访问了他梦寐以求的龙泉，这次访问成为三上先生毕生从事陶瓷事业中的最后一次重大经历。在他的一生中，曾经在世界多少地方鉴赏龙泉青瓷，抚摸龙泉青瓷碎片，而最后终于让他访问了世界上一切陶瓷学家所向往的青瓷圣地。

但是三上先生也有遗憾，由于种种原因，他特别向往的大窑古窑址没能去成。只是到大窑古窑址的外围溪口古窑址转了一圈，这对他来说已经非常心满意足了。

三上次男在《陶瓷之路》中说，从五代到宋朝，龙泉青瓷以其精湛的品质独步于世界。

“具体地说，一进入这个时期，生产青瓷的中心就转到浙江省的龙泉地方，这种瓷器的青色，其清澈犹如秋高气爽的天空，也如宁静的深海，这就是闻名世界的龙泉窑青瓷。”

记录西方对中国瓷器贸易情况的《葡萄牙王国记述》一书，称龙泉青瓷“是人们所发现的最美丽的东西，看起来要比所有的金、银或水晶都更可爱”。由于外国人的喜爱，促使龙泉青瓷成为古代中国大宗贸易

商品之一。

1976年在韩国新安海底打捞发现的元代中国陶瓷船，以及最近在广东阳江海面打捞出来的南海一号宋代古瓷船，就是一个有力的历史证明。

韩国政府专门兴修了一个中国青瓷博物馆，编辑出版了《新安海底打捞中国元代古瓷图录》。在南海一号打捞的宋代古陶瓷中，龙泉窑青瓷竟占了三分之一，可见龙泉窑青瓷在宋元对外贸易中的重要地位。

目前世界各著名的历史博物馆大都有龙泉青瓷陈列专柜，许多收藏家、鉴赏家更是对龙泉青瓷情有独钟，爱不释手。

青瓷宝剑苑

位于龙泉市剑池西路，是一个集生产、销售、科研为一体的综合性旅游景区，现有青瓷、宝剑店铺100余家。景区创始于2001年，其前身是龙泉青瓷宝剑园区。青瓷宝剑苑共设三个区块：宝剑遗址区、剑瓷文化展示体验区和剑瓷一条街精品购物区，区内有古瓷厂（陈石玄根大师）陈列馆、徐定昌大师工作室、冰裂纹研究所、佳之韵瓷画、陈阿金大师论剑馆、沈广隆剑铺、周正武刀剑博物馆、龙泉宝剑厂等体验点。

满园春色关不住

——中国青瓷小镇

一直觉得，在丽水，总有一个地方，可以深度品味，如果可以，甚至允许适度沉溺。

已经是第三次去青瓷小镇了，这个地方于我来说，就是一个可以深度品味和适度沉溺的地方。每当有外地朋友问我，丽水哪些地方值得一走，青瓷小镇都是我第一个报出的名号。

青瓷小镇，单单这个名就让人心生欢喜。欢喜的原因，在于她一点儿也不张扬。在龙泉青瓷制作工艺成为陶瓷类唯一的世界非物质文化遗产后，这里依旧很含蓄，就连这青瓷小镇的名字，也一如她千年以来不变的色彩——素素的，矜持的、略带羞涩。

小镇位于龙泉境内的上垟，由于此地史上盛产青瓷而闻名于世，小镇的核心区是当年龙泉青瓷厂的遗址上建造的，这是集旅游、文化、休闲、观光一体的园区。

镇子不大，依山傍水，安静而恬

淡。镇上的居民大多从事青瓷制作工艺，祖辈流传至今，日子过得平静而充实。

小镇里有客栈，那是就着原来青瓷厂的厂房宿舍改造的，外形基本不动，里面的装修显得很有艺术气息。和很多地方旅游概念的动辄重新建设不同，这样的创意更符合事物发展的延续性，有让历史重生复活的功德。

所有的房子都依山而建，随着石台阶而上，曲曲折折的小路分别用石块铺就，路边种满了花草，客房就是一座小小的院落，独门独户，清净而雅致。而且这里的每座院落都用因制作青瓷而出名的工艺大师的名字取的，比如用“毛正聪、夏侯文、徐朝兴”等人的名字命名，这是他们当年曾经住过的宿舍，如今这些大师的作品都已经成为宝贝。

傍晚，细雨飘洒、暮色低垂、院子里的灯火便显得特别温暖。房间都是木质结构，门窗都是镂空雕花的，房间里桌椅均为古典风格，案上几上均摆放着青瓷花瓶、茶具等，让人觉得清凉、恣意。

客栈地方很大，山坡上下建有，制作工坊、茶餐厅。

最让人记忆深刻的是让你拾级而上，那些台阶上围墙上巧妙地镶嵌的碎青瓷，这些青瓷被雨淋湿之后，更加温润如玉。忽然间，对这些点缀在环境中的青瓷有了意念的碰撞，这是不是龙泉人叶绍翁当年的“满园春色关不住”的意象呢，那出墙的“一支红杏”是不是早已勾住了喜爱青瓷的人的魂了呢?

青瓷馆博物馆内，这些盛载着美誉的青瓷宛若淑女般地展示在我的眼前，那一刻我百感交集，它们有的破碎了，有的残缺了，不过依然素的那样典雅、青的如此沉静，在无人关注的角落里默默地散发出温润的光芒，这何尝不是人生的一种境界呢？

青瓷手工作坊是游客可以动手参与的，看到那黄土，经过了人们的巧手揉捏制作，又经过烈火的烧烤，才最终呈现那淡淡的、素素的青，这个过程大概就是凤凰涅槃吧？

在微雨的黄昏，漫步于青瓷小馆中，抚摸着这些素素的青瓷，内心有淡淡的喜悦，如莲一般在绽放，我想如果能够一辈子都栖居在这个小镇，这该是何等的惬意和美好啊！

中国青瓷小镇

位于龙泉青瓷发祥地——上垟镇国营龙泉瓷厂旧址。青瓷小镇保留了青瓷研究所大楼、工业厂房、宿舍、大烟囱等大批遗址，并通过修复了龙窑、倒烟窑、水碓等设施传承青瓷文化记忆，是“中国独一无二的青瓷小镇”。去青瓷小镇，可借宿披云主题酒店，有时间记得DIY一件自己的青瓷作品。

在青瓷小镇带回一套茶具，夜晚，在自家的阳台上，煮上一壶龙泉的金观音，听滴滴答答的雨声，何等惬意。

大窑村：听叶放讲那美丽的传说

和叶放认识，源于2009年6月和江苏宜兴作家采风团去龙泉完成一次“陶都和瓷都的对话”。

那是一个大雾天，我们每个人的心头像是浓浓地涂上一层神秘的色调。当冲破云雾的包围，来到琉华山麓的大窑古窑址前，好像踏进了一座古老的迷宫。

历史是朦胧的，最能证明一个地方历史久远度的，往往是地下文物。因它遗留下的秦砖汉瓦、晋陶宋瓷和数不清的古窑址，却清晰而实在。是它们引领今天的我们走进这朦胧历史的深处，去采撷漫漫历史长河中曾经溅起的绚丽的浪花……特别是古人留存在地面的辉煌，一件件光消迹灭之后，这沉睡在地下的古陶瓷，便成了后人解密历史的珍宝！

名闻天下的历史文化名村大窑。它地处琉华山北麓，龙泉市小梅镇境内。

查阅《辞源》，在《名山条目》中有琉华山的记载：“山顶宽平，有湖极深，下即琉田，居民以陶为业，昔有章氏兄弟为主琉田窑，其兄所造者佳，世号哥窑。现琉华山下大窑村境，有青瓷古窑址50余处。大窑村，明代以前皆称琉田，明末清初始称大窑。”

叶放说：“遥想当年夜暮降临，这五十余处窑场，窑火相望，将整个天空照得如同白昼一般，蔚蔚壮观！”

这就是我国宋代古瓷都大窑，也就是龙泉窑主产地——全国重点文物保护单位大窑青瓷古窑址。

在这个充满着神秘色彩的古窑址上，叶老先生还给我们讲述了一个关于青瓷的美丽传说：《飞天窑女娘娘路》。

这是一个关于祭碗窑的故事。

有一个善良、美丽的姑娘叫叶青姬，她的父亲叶有根带领窑工们正为窑主烧制一批朝廷贡瓷。但是，不知什么原因，烧了一窑又一窑，尽是些歪头劈脑的废品。眼看工期将至，窑主发怒，宫廷派来的监工更是恼羞成怒，扬言这最后一窑再不成功，就要把叶有根一家和所有窑工全部问斩。

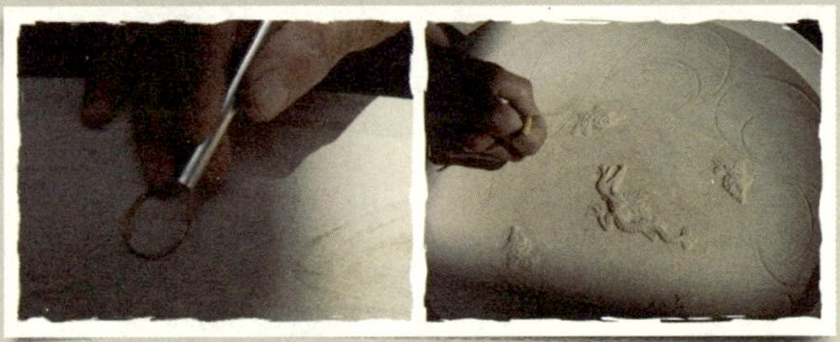

在这里一举手、一投足，都会有人告诉你，你刚才触摸到的就是宋代的瓷片、元代的文物、明代的古董！

沿着鹅卵石铺成的古道娘娘路行进，不知不觉地走到了民国，走到了清朝，走到了大明，走到了蒙元，走到了两宋，走到了五代……

善良刚毅的叶青姬，为了拯救父亲、家人和相濡以沫的窑工们，纵身祭窑，顿时窑洞炸开，射出一道霞光。霞光里只见叶青姬牵着长长的飘带，轻轻悠悠地飘向九天外。

众人见状纷纷跪下对天遥拜，这时大家才惊奇地发现这炸开的龙窑里是一窑上等的天青釉贡品。

为了纪念叶青姬，窑工们尊称她为“飞天窑女”，世世代代供奉在自己的窑场里。同时将贡品瓷器以龙泉方言称作“青瓷”，谐音“青姬”。

当朝皇帝闻讯后，亦将其父叶有根、其妹叶青梅接进京城。叶有根被封为“窑公”，主烧贡瓷；同时见叶青梅美如天仙，便纳为妃，封“大窑娘娘”。

大窑的窑工们则将“大窑娘娘”走过的那条瓷砖古道改名叫娘娘路了。据宋人庄季裕的《鸡肋篇》谓：“处州龙泉县……又出青瓷器，谓之秘色，钱氏所贡，盖出于此。”讲的就是五代吴越国王钱镠用大窑秘色瓷进贡之事。这个飞天窑女娘娘路的故事从侧面佐证了龙泉窑为历代朝廷烧制贡瓷的辛酸历史。

我们在大窑采风数日，总是阴雨绵绵。如此阴柔的天气，更容易让人接近这个古村的深处，笔直抵达这千年古窑的心脏。满地的瓷片，有如祖先的名片，琳琅满目，让人目不暇接。

大窑

位于龙泉市南约45公里的琉华山下，明代以前称“琉田”。现辖下村、上村、碗厂、乌窑4个自然村。村落沿大窑溪呈“Y”形分布，至今尚保留有明、清代的古民居、祠堂庙宇等古建筑以及民国至20世纪70年代的民居。

大窑的建筑都是泥坯墙、小青瓦，在斑驳陆离却散发着青瓷碎片之幽光的墙体上，组成了当今大窑特有的风景线——一堵泥墙一部青瓷史。整个村落的道路、巷、弄、宅基都用卵块石砌筑，完整地保留着传统风貌与历史格局。

大窑是龙泉窑的起源地和中心产区，1988年被国务院公布为全国重点文物保护单位。大窑龙泉窑遗址的青瓷窑址共154处，其中大窑村65处。大窑烧制青瓷始于五代，长于北宋，南宋至明代早期为鼎盛时期，明末清初窑业衰退。自宋代以来不仅供皇室御用和满足国内市场需求，而且远销亚、非、欧洲的许多国家和地区。

龙泉青瓷知多少

青瓷主要分为哥窑和弟窑两大窑系，釉面开裂、胎色灰黑、紫口铁足的是哥窑的产品，它与“官、汝、定、钧”并称为宋代五大名窑。釉面光滑、胎色白皙、釉色温润如玉的是弟窑的产品，弟窑的釉色主要有粉青、豆青、梅子青等。龙泉青瓷传统烧制技艺于2009年9月30日正式入选联合国教科文组织的世界非物质文化遗产保护名录。

哥窑和弟窑的故事

北宋年间，在浙江的龙泉地区，有兄弟二人都是烧瓷窑的，周围的老百姓称哥哥烧的窑为哥窑，弟弟烧的窑为弟窑。哥哥烧窑兢兢业业、一丝不苟，弟弟烧窑就爱投机取巧。

一天，哥哥正在烧窑，突然有急事需要外出，就把烧窑的事托付给弟弟。瓷窑烧到1400℃以后需要停火，等冷却到常温以后才能打开窑门。弟弟嫉贤妒能，当需要停火时正是热胀的极限，弟弟忽然打开窑门，冷空气进入窑内，由于胎和釉冷缩的速度和系数不一样，使瓷器上产生了很多裂纹。

哥哥回来，大吃一惊，御窑如果误期就会有掉头之罪，哥哥哭了三天，第四天他拿了几件带裂纹的瓷器到集市上碰碰运气，没想到碰上几个秀才，认为这带裂纹的产品在当时是绝好的产品，连连称赞，一下子把所有带裂纹的产品都买光了。哥哥大着胆子把带裂纹的产品送到京城，没有想到皇帝和大臣们都赞不绝口，并受到皇上的嘉奖。

后来，人们把裂纹叫作『开片』，哥哥又潜心研究胎和釉热胀冷缩的规律，实验出又粗，颜色又深的裂纹叫铁线；又细颜色又浅的裂纹叫金丝，在业内又有『金丝铁线』的美誉。

龙泉青瓷古窑址——龙窑

我的旅行日记

一道爽口的“凉拌菜”

——龙泉山

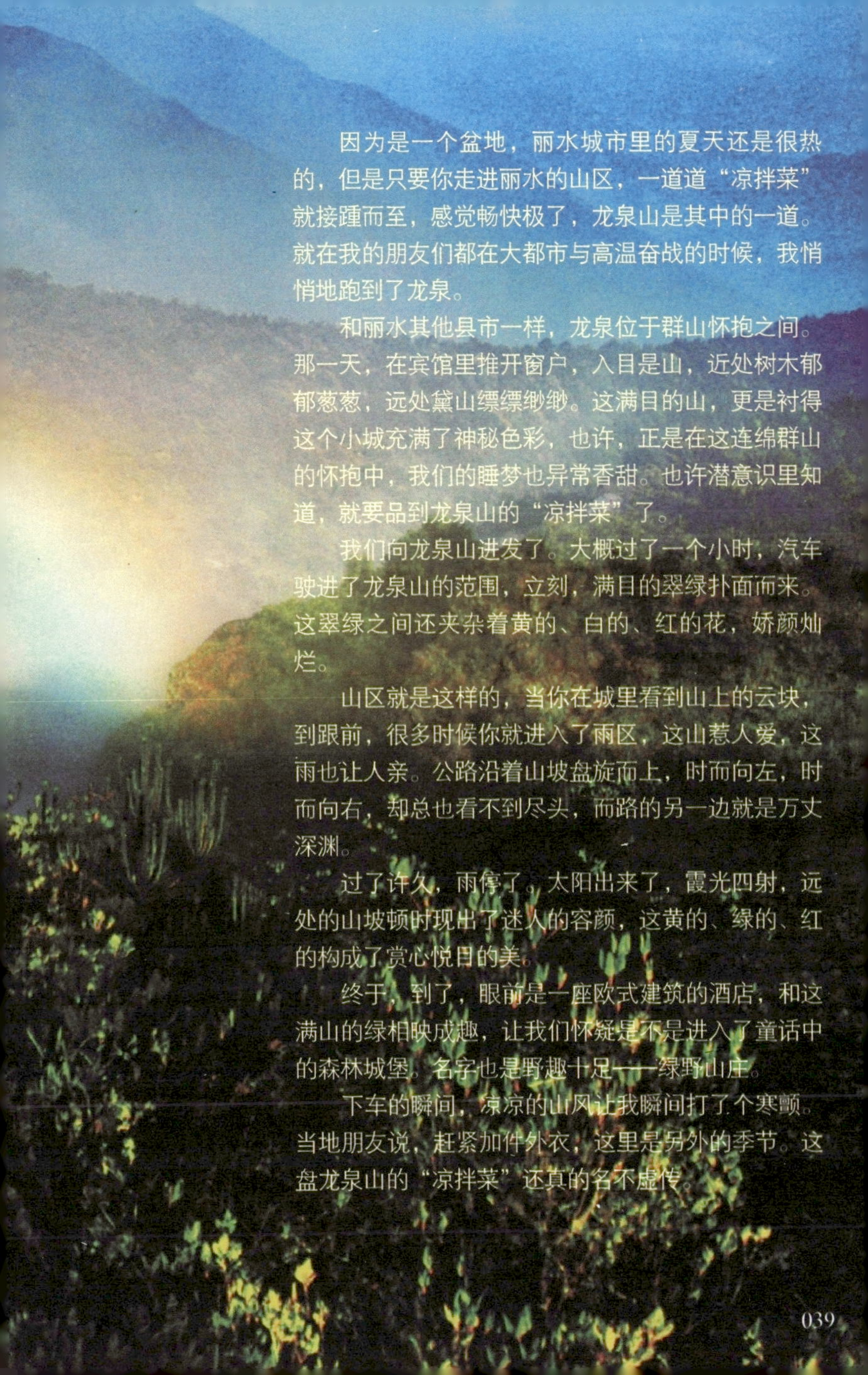

因为是一个盆地，丽水城市里的夏天还是很热的，但是只要你走进丽水的山区，一道道“凉拌菜”就接踵而至，感觉畅快极了，龙泉山是其中的一道。就在我的朋友们都在大都市与高温奋战的时候，我悄悄地跑到了龙泉。

和丽水其他县市一样，龙泉位于群山怀抱之间。那一天，在宾馆里推开窗户，入目是山，近处树木郁郁葱葱，远处黛山缥缥缈缈。这满目的山，更是衬得这个小城充满了神秘色彩，也许，正是在这连绵群山的怀抱中，我们的睡梦也异常香甜。也许潜意识里知道，就要品到龙泉山的“凉拌菜”了。

我们向龙泉山进发了。大概过了一个小时，汽车驶进了龙泉山的范围，立刻，满目的翠绿扑面而来。这翠绿之间还夹杂着黄的、白的、红的花，娇颜灿烂。

山区就是这样的，当你在城里看到山上的云块，到跟前，很多时候你就进入了雨区，这山惹人爱，这雨也让人亲。公路沿着山坡盘旋而上，时而向左，时而向右，却总也看不到尽头，而路的另一边就是万丈深渊。

过了许久，雨停了，太阳出来了，霞光四射，远处的山坡顿时现出了迷人的容颜，这黄的、绿的、红的构成了赏心悦目的美。

终于，到了，眼前是一座欧式建筑的酒店，和这满山的绿相映成趣，让我们怀疑是不是进入了童话中的森林城堡。名字也是野趣十足——绿野山庄。

下车的瞬间，凉凉的山风让我瞬间打了个寒颤。当地朋友说，赶紧加件外衣，这里是另外的季节。这盘龙泉山的“凉拌菜”还真的名不虚传。

龙泉山以黄毛尖——江浙第一高峰而著称。远远望去，黄毛尖笼罩在皑皑云雾之中，如同缦纱掩面的美女，只可惜由于时间的原因，这一次无缘一睹芳容。

据说黄毛尖上植被分层明确，到山顶时，放眼都是黄毛草，故而得名。而龙泉山另一著名的就是它的植被，珍惜物种繁多，最令我感动的是“黄金树”，这树生长在大峡谷里，通体金黄，遒劲的树根深入地下，经络分明，如同一只黄金手紧抓大地；树干笔直、浑圆，直插云霄。

还有种类繁多的松树，或长在悬崖峭壁之上，迎朝霞，沐春风；或立于天阶之畔，像伟岸的卫士护着游人；或雄壮令人敬仰；或婀娜令人心醉。

站在小山坡上，放眼望去，脚下是高低起伏的群山，巍峨壮观，令人雄心万丈，心旷神怡；山顶云雾缭绕，仙乐飘飘，那山里真的有仙人吗?

我想，酷热的季节，能品到龙泉山这道“凉拌菜”的，都是神仙。

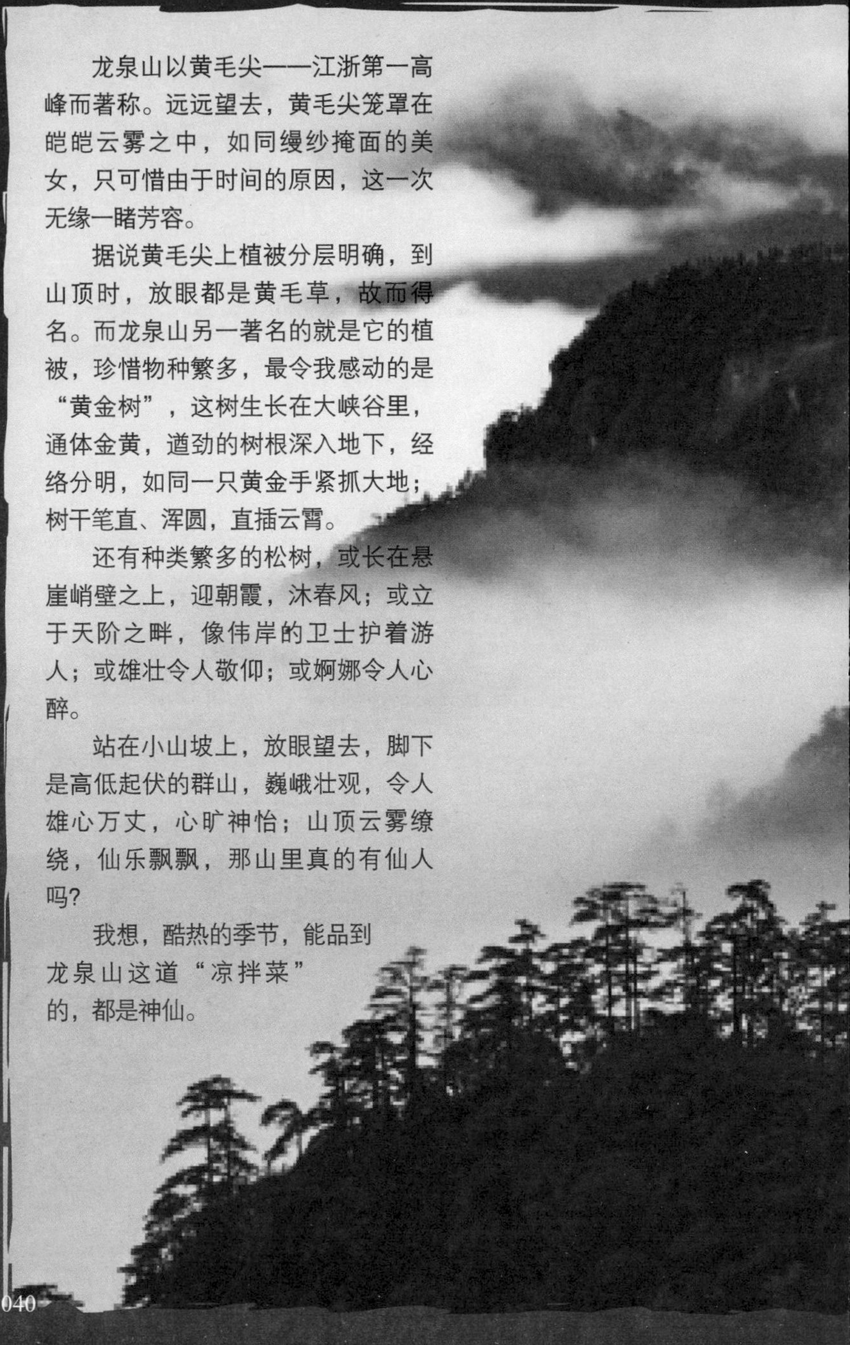

龙泉山是一个以山岳风光、森林生态、休闲度假为主题的国家4A级旅游景区。其主峰黄茅尖海拔1929米，为长三角第一高峰。龙泉山气候环境与云贵高原相似，形成了高原湖泊、高山草甸、云海雾凇等众多高原特有的自然奇观，区内有绝壁奇松、黄茅尖、龙泉大峡谷、瓯江源、七星潭等五大景区。晴天，旭日东升，云开雾散，山下烟波浩渺，山上清风扑面；雨天，云雾氤氲，山岗漂渺，给龙泉山水造就了一种朦胧、漂渺、神奇的意境，“凤阳烟雨”堪称一绝。

门票： 成人票80元，儿童身高1.1米以下、70岁以上老年人持有效证件免费。

自驾线路： 龙泉山旅游度假区距离杭州460公里，距离温州290公里。53省道向东连接杭州—金华—丽水—温州高速。自驾车上杭金衢高速公路，至金丽温高速丽水出口下，上龙泉山，车程约5个小时。上山公路弯多路窄，请注意安全，减速慢行。

公共交通： 丽水市西站—龙泉市车站—龙泉山景区。

食宿： 绿野山庄龙泉山上目前唯一可提供住宿的酒店，最多可容纳200多人，房价300—500不等，如需住宿最好提前预定。在龙泉山，除了可以吃到很多纯天然无污染的山里野味，绿野山庄推出的蘑菇宴，更是养生与味蕾双重的享受，值得一尝。蘑菇宴一桌售价在600元左右。

贴士：

1. 龙泉山气温较低，尤其夜晚，行李箱里最好多备一件外套。
2. 龙泉地区雨季是4-6月份，下过雨也便是出云海的最佳时期，从所住的绿野山庄到绝壁奇松观云海处，能更迅速地捕捉到最美的景致。
3. 爬黄茅尖要赶早，凌晨4点，景区的观光电瓶车就已经开始运营，它会把你送到黄茅尖景区的登山口。
4. 景区面积较大，行走的路程也较多，特别是绝壁奇松景区，在峭壁上行走，得提前备好舒适的鞋子。

下樟云坞：发现“小丽江”

旅行，要找到一个心仪的地方真的不容易。

不喜欢那些如雷贯耳的景区，最喜爱那种不经意间忽然发现的所在，也许在当地人眼里很普通的村落，在旅行者眼里，也有一下子捡到了块宝石的欣喜，这大概就是旅行中的惊艳吧。

那一天，偶遇龙泉的下樟云坞，就让我有发现“华东小丽江”般的兴奋。

下樟村距浙江省龙泉市龙泉城区6公里，史称云坞古村。在龙泉，这个村很低调，低调得尘埃里可以开出花来。然而，山不在高，水不厌深，这里常年云雾缭绕，幽若仙谷。

丽江就去过一次，古镇大致的格局依稀记得，印象最深的是房子前几乎都有一条小溪，而眼前的下樟云坞，就让我一下子有一种不知所措的感觉——村落沿着一条清澈的溪流布局，民居建筑雕梁画栋，古朴典雅，道路多为鹅卵石铺就，与古建筑和自然生态浑然一体，别样和谐精致。

那些错落的木屋，多一间就显得突兀，少一间就缺了神韵，连那些断垣残壁也成了风景中的绝美点缀。

人说在丽江会有艳遇，其实是要

打问号的，原本很有感觉的古镇，一股脑儿地涌进了这么多看客，你看我我看你，艳遇个头啊。

若你是徒步来云坞古村，是需要经过一个叫白云岩的景区的，那是一场彻彻底底的森林浴，间或会有几十甚至上百米高的飞瀑陡然倾泻而出，那喷涌而下的瀑布顺峭壁挥洒着无边的激情，印证着“飞流直下三千尺，疑是银河落九天”的迷人景象。

走过一片青翠的竹林，再绕过一棵千年的古樟树，云坞古村便把客人拥进了它的怀中。

那水上的石桥木桥、水旁的木珊栏、木结构的房屋、灰墙与黑瓦、石板路和石块垒就的青苔台阶、寂寥的烟囱…… 它们隐匿在群山怀抱里，在山风吹拂下，几乎所有的事物都是沉潜幽静的。

位于下樟村上首，有一处云坞书院，大概会给任何来客都留下谜团的，村里的老人告诉我，这是龙泉名士下樟人翁樟清老先生创办，系“前厅后堂、左右厢房、楼上楼下、前后大院”的庄园式建筑，小青瓦、白粉墙、马头墙、封火弄堂组合成一个封闭的庄园。书院内布置着琴棋书画、兰梅竹菊，体现了当年主人的高雅脱俗之情调。

望着村外的田垄，想着云坞深处的书院，浮出两个字——耕读！光有耕，是一种生存，有了读，就成了生活。

那些屋内或者门外三三二二的村民，晒着太阳，喝着茶、玩着麻将、听着收音机，不喧哗不嚣张，那是这个村落最生动的迹象。

“满坞白云耕不尽，一潭明月钓无痕”，果然好诗。

云坞古村下樟村：

地处龙泉市区西北部近郊约7公里。史称“云坞古村”，后因村南水口有一千年古樟，故名“下樟村”。全村共有68户，总人口220人，耕地面积372亩，山林面积5860亩，全村农家乐13家。

白云岩位于龙泉市西北郊的下樟村，以森林、飞瀑、绝壁、田园风光、千年古居等景观为特色。景区富有浓郁的宝剑文化，主要由龙泉问剑、剑川侠缘、七星濯井、桃花探源、绿谷野营、白云飞瀑、田野牧歌、云坞古村八个分景区组成。

门票：

成人票50元，1.2—1.5米儿童及60周岁以上老人持老人证半票，1.2米以下儿童免票。

自驾线路：

1.杭州方向：杭金衢高速至金华转金丽温高速，在丽水转丽龙高速于龙泉高速口下高速，前行5公里即到景区，车程约4小时。

2. 宁波方向：甬金高速至金华转金丽温高速，在丽水转丽龙高速于龙泉高速口下高速，前行5公里即到景区，车程约6小时；

3. 温州方向：金丽温高速至丽水转丽龙高速于龙泉高速口下高速，前行5公里即到景区，车程约3小时。

贴士：

景区由于是纯山水自然景观，因此在游览过程中要严格在游步道上游览，不要私自攀爬。冬季景区内部某些部位将会有些许薄冰，游览途中要格外小心。

舌尖上的龙泉

“来到龙泉，市区内的夜市大排档是一定要去体验的。华灯初上，位于车站附近的剑池西路以及西街会有很多的小摊贩，流连其中，你可以品尝到很多地道的龙泉小吃。”

土豆饼：

将土豆带皮煮熟，去皮，压扁，用油炸一下，再放入青椒和紫苏（紫苏，俗称苏子，为唇形科一年生草本植物，夏秋开花，子粒较小，呈紫黑色，老茎称苏梗）炒制。紫苏叶有一种特殊的芳香，可拌凉菜或作羹汤。用紫苏嫩叶加大葱、辣椒、精盐、酱油、醋和香油拌菜，有开胃和预防感冒的功效。土豆饼这道菜，在夜宵店、大小饭店都能吃到。

粉皮：

龙泉人从小吃到大的平民美食，这是专属于龙泉的风味。龙泉大体有三种早点铺，一种以面食为主，卖包子馒头，豆浆稀饭；一种流动性的早点铺，大饼、糯米饭等；再一种就是现煮现吃，以粉皮粉干为主的早点铺。粉皮刚出厂的时候是长方型状的，龙泉人习惯把它切成条状和丝状，入锅煮三五分钟，捞上来，配以各种调料，加肉汤（你愿意多加点钱，也可以加肉丝、大排、猪肠等）。

灵芝面包：

龙泉是闻名世界的“中华灵芝第一乡”，“全国灵芝孢子粉原产地”。以灵芝孢子粉和面粉为原料，在发面中加入灵芝孢子粉，揉合后做成灵芝状，上蒸笼蒸熟即成。灵芝面包细腻香酥，色香味俱全。

安仁鱼头：

龙泉安仁镇，因为一个鱼头而声名远播。安仁鱼头选用的鱼头，都是仙宫湖里现捕的鳙鱼，豆腐是当地的农家制作，必不可少的紫苏酱更是当地的秘制酱料。鱼头及配料用柴木旺火烹制而成，并以传统的火锅形式，边滚边吃，味道鲜美，情趣也佳。

贴士：

丽龙高速安仁出口下就是龙泉安仁镇。镇子里有鱼头一条街，胖大嫂鱼头馆是最早的一家鱼头馆。

油老鼠和油盏碟：

二者是旧时常见于街头的一小吃，口味松脆爽口，香气扑鼻，清淳甘辣。将面粉搅成糊状，摊平，馅用萝卜丝或豆芽，拌入青葱和辣椒粉，然后将馅合拢成老鼠状和油盏碟状，轻轻放入油锅中滚炸，表面呈现出金黄色时，即可出锅。灰碱粽颜色黄亮，晶莹剔透，细腻滑爽，有独特的灰碱清香。用特制的灰碱泡山泉水拌在糯米中包成粽子，入锅中煮。

碧龙苦槠丝：

最早为荒年充饥用食品，具有清凉解毒之功效。苦槠树是一种常绿乔木、野生树种，龙泉山区遍地皆是，11月份果实成熟，晒干碾碎，水浸几日，频频换水清除苦涩异味，磨成水粉过滤，沉淀去浮水，晒干就是“苦槠粉”。以碧龙产的苦槠粉为原料加工成粉丝状，煮熟盛碗，再配以青葱、香菜、肉末便制成了。苦槠丝入口香滑，清新美味。

来过，
便不曾离开

天和，地和，云和
亲，我在云和

云，和梯田

有人说，标题的这个逗号标错了，应该是云和梯田，这样的理解没错。你说的是云和的梯田，而我说的是，在这个地方，大自然的云海和梯田恋爱了，一下子就恋爱了1000年。

云和县其实很好找，给你一张中国地图，北京和珠穆朗玛峰你知道吧，把两者的经纬度相交，云和就在这个点上。在丽水，这是唯一一个没有和外市接壤的县，在其他县市的簇拥下，就像花蕊静静地绽放着。

那天，正值芒种，云和县的“开犁节”也在这天开演。开犁是云和梅源一带山区农民启动春耕的时令体现。

天还没亮，急不可耐的我就来到下垟村了，听专业人士说，下垟村的梯田是看云和梯田的核心地带，这里的水气循环圈异常活跃。亚热带季风从云和盆地长驱直入，被梯田所在的高山阻挡后，水气迅速抱团成云雾，于是这里就经常出现“云海”奇观。

我就在观景台上等，就像当年去黄山看日出一样，只是在黄山，看的只是云海和日出，这里还有一种尤物在等着那日出的瞬间亮出它的曲线，那就是梯田。

当太阳从云海中升起的时候，万丈光芒铺天盖地，穿越云层，洒在层层叠叠的梯田上，金光闪闪。

咔嚓、咔嚓、咔嚓……此时，早已埋伏在各个角落的长枪短炮发出清脆的快门声，我知道，这是云和梯田最精彩的时刻。

天亮了，人们也终于掀开了云

和梯田的神秘盖头了。

云和梯田的第一层盖头是“日出云海”，不远千里慕名而来，若能摄得一张梦幻般的“日出云海”，便无悔今生了。

云和梯田第二层盖头是她的曲线之美，美在看似无序，却错落有致；美在长短不一，却相得益彰；美在断断续续，却首尾相连；美在静如波纹，却蓄势欲飞；美在忽即忽离，却云里雾里。

云和朋友说，冬天来云和梯田看雪景是云和梯田的第三层盖头，由于海拔高，冬天气温低，当气温降到临界点时，水气就会结成冰，每年都会出现“雾

云和梯田坐落于浙江云和崇头镇，距县城10公里，总面积约50平方公里，核心区20多平方公里，海拔200—1400米，垂直高度1200多米，最多有600—700层，主要分为南山、吴坪、下垟、叶垟、梅竹五个区块。景区内拥有梯田、云海、山村、竹海、溪流、瀑布、雾凇等多个不同的自然景观类资源单体，是华东地区最大的梯田群之一。因其独一无二的云海奇观和“雾凇”奇观，云和梯田被誉为“中国最美梯田”。2012年，云和梯田以“海市蜃楼般的农田美景”被美国CNN评选为中国最美40个景点之一，并入选由美国《国家地理》杂志评出的中国最美20个景点。

门票： 成人票80元，儿童1.2-1.5米、60-69岁老人持老年证及军官、教师持有效证件享受半票，儿童1.2米以下免票。

公共交通： 游客可先乘飞机或动车到达温州，然后乘车经丽水市到达云和县城，沿途皆为高速公路，其中温州至丽水125公里，丽水至云和约60公里，行程不过2个小时。也可自杭州经丽水抵达云和，全程也是高速路，车程约3个小时。云和县城到云和梯田可在云和客运站乘坐云和——张家地的公交大巴，6:30-17:00每隔一个钟头一班。

凇”奇观。特别是下雪时，梯田白皑皑一片，千层冰封，万山飘雪，十分壮观。这便是云和梯田的“神田雪景”。

有摄影者为拍得此景，专门在这里守候，每个人心里都在祈祷，就为求得一场夜雨或是一场冬雪，为明日的雾气能呈仙境般的弥散。遇到发烧级的摄友，为守候发烧级的瞬间，在山上可以等待半月之久。

这大概就是应了这样一句话吧，风景总是留给善于等待的人。

自驾线路：

1. 杭州方向：杭金衢高速至金华转金丽温高速，在丽水转丽龙高速于云和高速口下高速，沿53省道开至龙泉方向的岔口，按云和梯田景区指示牌直行。

2. 宁波方向：甬金高速至金华转金丽温高速，在丽水转丽龙高速于云和高速口下高速，沿53省道开至龙泉方向的岔口，按云和梯田景区指示牌直行。

3. 温州方向：金丽温高速至丽水转丽龙高速于云和高速口下，沿53省道开至龙泉方向的岔口，按云和梯田景区指示牌直行。

拍摄梯田必做的“功课”：

梯田最美丽的时刻就在一早一晚，所以起早贪黑是拍摄梯田风光需要恪守的基本规则。云和梯田最特别的地方，在于这里一年四季均有妙不可言的风光可以拍摄：春季梯田灌水时的灵秀、夏季层层绿浪翻滚的壮阔、秋季丰收时节的灿烂、冬季雪霜相伴的素雅，每一季都不可错过。

贴士：

1. 节假日景区客流量大，外来车辆不能进入景区。车辆统一停放在游客接待中心（免收停车费），游客需乘景区公交进入景区，换乘费20元/人。

2. 梯田景观主要集中于距离县城12公里的梅源一带，崇头县赵善村只是众多观景点中离县城最近的一个，深入体验云和梯田的最好方法是找一个熟悉当地道路的导游带路，找到那些纯原生态的梯田与村落，这样的地方在梅源其实有很多。

石寨里的大碗茶——坑根

云和的最高峰，就是白鹤尖了。既然给了个白鹤的名字，那是不是这山里可以找到仙人的痕迹？果不其然，在白鹤尖脚下，就静卧着一个古老的石寨——坑根石寨。

我是个俗人，那天，从山上下来，见到这个村落，就像一不小心步入了仙境。

走进去，小巷上下蜿蜒，阶梯是石块垒的，房屋的墙壁是石块垒的，围墙是石块垒的，当地朋友告诉我，我们是到了坑根石寨了。坑根石寨是一个古村落，距今已有800多年的历史，在云和建县之前就有人居住。

停住脚步，屏住呼吸，仔细聆听，只听到有一股泉水声从地底下传来，奇怪啊，这个村下面莫不是有一条地下河？

原来，石寨真有一条地下暗河，并在地表上形成了两口泉井，泉水清澈，常年不竭，如果是夏天，掬水而饮，如嚼冰雪。

朋友说，去村里坐坐吧，到老茶坊喝碗土茶。我没想到这山野老村，竟然会有茶坊，当我走进老茶坊，受到的震撼不仅是一点点。

老茶坊是一个很有古意的祠堂，二层楼木结构，古老的建筑经过修缮后，成为茶舍，别具风味，天井中阳光流泻，照在布满岁月痕迹的红豆杉木梁柱上。

整个茶坊似乎是古代的议事厅，坐在清凉的正堂里，你可以选择上座，也可以选择客座。入座之后，一位畲族姑娘，手持一把深色的铁质大茶壶，从茶罐里取出一簇碧翠的茶叶，放进白色的粗瓷大碗里，注入滚烫的开水，清澈的茶汤冒出热气弥漫开来，茶叶的清香也弥散开来……

茶叶是“粗枝大叶”的土茶，野趣盎然，喝一口，甘醇解渴。在这样的乡野之所，如果你追求所谓的茶道，那就是一件很扫兴的事情了。喝这样的“大碗茶”可不需要矜持，不如大口牛饮，那才叫痛快。

朋友介绍说，自制的老茶叶看起来粗糙，闻起来却香味扑鼻，用泉水泡茶，品起来沁入肺腑。如果就着那咸菜干、笋干、地瓜干，炒玉米、炒黄豆喝茶，那就更有风味了。

那一天，就餐就在坑根石寨，饭桌上的香菇、木耳、豆腐娘、板鸭等农家菜，让我食欲大增。至今想来，似乎还是唇齿留香。

石浦：寻找最后的瓯江“船帮”

云和县，瓯江蜿蜒而过，与吾思岭脚和枫树潭隔岸相望，挨着瓯江，有一个叫石浦的古村落。

石浦村属于紧水滩镇，建紧水滩水库之前，瓯江从龙泉山源头出，经过千回百转，在紧水滩峡谷，山势陡然处收紧，水流突急，紧水滩的名字也由此而来。

石浦这个地名，过去是和瓯江水运紧紧联系在一起的，当年的“瓯江第一帮”说的就是“石浦船帮”。

清晨，阳光铺洒在云和湖面上，波光粼粼。大樟树下，老人张乃宽蹲在石阶上吸着旱烟。远处是朦胧的烟雾，此时的角度和光影正是摄影师需要的瞬间。

“上船喽！”结束了樟树下拍摄的张乃宽，拍拍身上的尘土，大步走向船坞，继续自己的“模特”工作。不一会儿，老人家将成为游客们“瓯江帆影”摄影作品中蚱蜢船上的一位船老大。

这是最后的“石浦船帮”，老人家们只能以这样的方式，一方面做“演

员”赚钱贴补家用，另一方面，还能延续着当年船帮的感觉，也仅仅是这种感觉了。

南宋时，瓯江上游的龙泉窑窑火正旺，瓯江两岸窑牌林立，烟火相望，江上运载青瓷的舴艋帆船往来穿梭，八百里瓯江成了一条名副其实的“黄金水道”，瓯江上，有许许多多船帮，其中青田温溪帮、丽水大水门帮、云和石浦帮尤为著名，而石浦帮规模最大、名声最响。

石浦村离瓯江第一滩紧水滩仅2.5公里，当年船帮从温州逆航10余天，拉纤上滩无数，在过紧水滩前，都要停泊于此，休整几天。这片江水冲击形成的平坦之地，成了船帮人最理想的栖息家园。

过去在瓯江行船，是要过急流，闯险滩，避暗礁的，在与瓯江作千百次的较量后，瓯江船工练就了战胜自然的本领，出航时，少则四五船为一帮，多时

一二十船为一帮，并推选经验足、能力强、有号召力的船工担任帮头，以此对抗山贼和险滩。

舴艋帆船中间大，两头尖，以木材制造，上盖箬篷，前部竖一桅杆，杆上挂帆，顺流用桨，逆流用篙，顺风则扬帆。

庆元香菇、龙泉宝剑和青瓷、云和雪梨、景宁惠明茶、松阳烟叶、处州白莲、青田石雕……几乎都是由舴艋帆船运送出去，然后把食盐、酱油、煤油、布匹等日用品和海产品运回大山。

20世纪八九十年代，瓯江上游相继建起了紧水滩、石塘、玉溪三座电站，瓯江被大坝拦截后，卧成了碧波荡漾的云和湖，瓯江航运就此中断，失去了激流的瓯江船帮，在陆路交通的强势竞争下，终于退出了历史的舞台。

听老人们说起当年的石浦，那是一个原汁原味的古镇，大堤上是一排吊脚楼，堤下散布着一些埠头。一年四季，船帮一拨一拨地来，又一拨一拨地走，从不间断。村里大街小巷纵横交错，全用清一色的鹅卵石铺就，每隔几步就镶插一幅花鸟、鱼虫、太极、八卦等石图案。街道两边店铺林立，商贾云集，叫卖声、讨价还价声不绝于耳……

这是一个曾经的景象，和原来的瓯江比起来，云和湖的诞生也造就了一个新的景观——被白雾裹着的世界，青山叠翠，修竹摇曳，河滩隐约。蚱蜢船摇曳在雾气中，片片帆影倒映在江面上，绰绰动人、如梦如幻。

此时，如果你摁下了相机快门，那就是可以在朋友面前显摆的作品。

石浦村

古代称石富，明王朝曾经派遣一钦差内官在石浦村设立太监局，史称银官局，监督云和银矿的开采工作。现有拦街殿、古镇肉铺、古镇米店、古镇驿站、船帮古宅和农事体验区等景点。

石浦船帮古镇最大的特色是船帮古宅，石浦古民居的装饰艺术主要表现在墙画、小木作、雕刻等方面，花、鸟、树、石雕刻在大门上方，富丽堂皇，成为船帮人家表现财力的一种标志。石浦古民居都有一个贴切的名字，如述古人家、瑞映长庚、秀衍鄱阳、鄱阳衍庆、树德务滋、艺苑蜚声等，充分体现了船帮人的好学、儒雅之风。现在，石浦村仍保存着古时风貌，共有清代古民居10余幢。

自驾线路：

1.杭州方向：杭金衢高速至金华转金丽温高速，在丽水转丽龙高速于云和高速口下高速，沿53省道往云和湖仙宫景区开，路旁有指示牌，大约距离仙宫湖景区9公里。

2.宁波方向：甬金高速至金华转金丽温高速，在丽水转丽龙高速于云和高速口下高速，沿53省道往云和湖仙宫景区开，路旁有指示牌，大约距离仙宫景区9公里。

3.温州方向：金丽温高速至丽水转丽龙高速于云和高速口下高速，沿53省道往云和湖仙宫景区开，路旁有指示牌，大约距离仙宫景区9公里。

公共交通：

可在云和客运站乘坐至龙门村的城乡公交或出租车，在石浦大桥下即可。云和—龙门（紧水滩），即时发车。

我的旅行日记

玩具中的“奢侈品”

云和的木制玩具，和大多数国产电影一样，都属于墙内开花墙外香。

说了你可能还不信，全世界约40%的木制玩具在云和生产，你在国外随意买一个木制的玩具，很可能就是云和制造的。

比起塑料制成的“垃圾玩具”，木制玩具可以称得上是玩具中的“奢侈品”。

小木马、小火车、木偶、梦幻城堡……你能想到的，在这里都能找到。批发的价格，出口的品质，下次出国就别再干买木制玩具的傻事了。

云和县城内的“童话玩具智慧园”是体验木制玩具之趣和采购高质量木制玩具的好地方，优惠的价格绝对让你不再好意思砍价。

至于你信不信，反正我信了！

吃货在云和

作为一个合格的吃货，到云和一定不要错过赤石鱼头、大坪鸡。鱼是云和湖的有机鱼，没有大城市的鱼吃起来的那种泥腥味，谁说水至清则无鱼的，可以直接饮用的水自然生长的鱼才是正道呢。鸡是大坪村家家户户饲养的土鸡，采用五谷杂粮作饲料，放养的山丘林地，味道好极了。

如果是小吃，那就很多了，只推介当地人经常光顾的。

仙人掌水饺： 在新华街，靠近实验小学，东西真心不错，有很多种馅的水饺品种。随着时间的变化，味道没变，只是价格从最早的三块钱一份到今天最高的十五块钱一份，作为体验，不妨一尝……（PS：此店有个性，白天不营业，一般下午5点左右开门，且经常间歇性关门。生意可以这么做，这个仙人掌水饺的掌柜估计真是个仙人。）

大肠米线： 仙人掌水饺和体委中间。这是一家很有味道的店铺，此店最大的特色在于米线不是像别的店家一样水煮，而是放在锅里蒸熟，因此口感很劲道，很有弹性。（PS：此店的蒜泥非常香，只此一家。）

姐妹小炒： 南门桥头向云中方向走50米。在云和，姐妹小炒的名头如雷贯耳，就好像楼外楼在杭州。其实，它的另外一个称呼才是响亮名头的由来——老鏖店。在这里你可以吃到很家常的菜式，并且价格实惠。这里的酒糟大肠和梅菜扣肉很下饭，值得一尝。

山里问仙亲，我在遂昌

去遂昌 做一回"山里人"

远上寒山石径斜，白云生处有人家。

做几天遂昌的山里人，对于现在的都市人来说，是一种幸福。

幸福就在行车途中，车沿着迤逦的山路行进。夕阳的余晖中，层层叠叠的大山如墨如黛，像一幅美丽清新的中国画。湖水湛蓝，波光云影中，湖水反衬着山的倒影……

幸福就在农家风情中，木结构、泥墙和石块垒成的房子，大大的院落，光洁的石碾子，几个小椅子，看鸡鸭追逐……

幸福就在山里的美味中，此时，正是晚餐的时间，农家主人热情地里外招呼着，灶头上飘出的香味让你欲罢不能……

就这样坐在院子里，山里的空气清新极了，耳边是溪水潺潺，满目是青翠的颜色。

遂昌，一座掩映在浙江西南"绿谷"中的山城，对于众多自驾爱好者和背包客来说是不可多得的好地方。看过遂昌的山水你就会明白，当回"下里巴人"也能体会"江南仙境"的乐趣。

云端梯田
——南尖岩

南尖岩——最震撼人心的是那一片落在云端的梯田。

之所以被联合国教科文组织命名为国际摄影创作基地，最大的功劳当属这一片美轮美奂的梯田：四周是广袤的竹海、梯田上是一处小小的村落，衬上流动的云雾，这份出尘的美丽是无可比拟的!除此之外，跌落九级的瀑布、穿云摩天的石笋、兀立千尺的崖壁，都足以将南尖岩非凡的美丽展露无疑!

贴士：

南尖岩的云海多出现在清晨，很多摄影爱好者和游客为了一睹云海梯田的奇观，一般在凌晨5点左右就起床等候了，所以景区的住宿一向比较紧张。想留宿的朋友必须在出发之前就提前预定!实在订不到景区山庄的房间也可预定农家乐，不但经济实惠，还别有风味。

门票： 成人票80元，60岁以上老人凭老年证享受半价票，1.1米-1.4米小孩半票。门票包含天柱峰、一线天、观云亭、云海梯田、双峰插云，九级瀑等景点。

自驾车路线：

1.上海、杭州方向： 杭新景高速或杭金衢高速至龙游转龙丽高速到遂昌出口下，沿路标指示可到景区。最后一段16公里山路小心驾驶!

2.宁波方向： 甬金高速转杭金衢高速至龙游转龙丽高速到遂昌出口下，沿路标指示可到景区。最后一段16公里山路小心驾驶!

3.温州方向： 金丽温高速至丽水转龙丽高速到遂昌出口下，沿路标指示可到景区。最后一段16公里山路小心驾驶!

4.台州方向： 台缙高速经缙云转金丽温高速至丽水转龙丽高速于遂昌出口下，沿路标指示可到景区。最后一段16公里山路小心驾驶!

公共交通： 遂昌县城到石练镇约半小时有一趟班车，车票价格6元；石练镇到南尖岩一天有2趟班车，上下午各一趟，车票价格7元。

行走山林间的寻龙手记

——神龙谷

来过遂昌的驴友一致对县城到神龙谷的这条游线赞誉有加，称之为“江南最经典的自驾车游线”。这名为“十八里翠”的路段，山野风光迷人，加之情人湖、金鸳鸯等美丽的民间传说点缀其间，怎能让人不心旷神怡。此路段路况良好，车辆较少，提醒自驾车一族切莫错过!

门票： 成人票70元，儿童身高1.2米以下免费，持摄影家协会证、记者证免费。

自驾线路：

1.**上海、杭州方向**：杭金衢高速至龙游转龙丽高速到遂昌出口下，往西走S51省道至遂昌神龙谷景区。

2.**宁波方向**：甬金高速转杭金衢至龙游转龙丽高速到遂昌出口下，往西走S51省道至遂昌神龙谷景区。

3.**温州方向**：金丽温高速至丽水转龙丽高速到遂昌出口下，往西走S51省道至遂昌神龙谷景区。

4.**台州方向**：台缙高速经缙云转金丽温高速至丽水转龙丽高速于遂昌出口下，往西走S51省道至遂昌神龙谷景区。

黄金是怎样炼成的

——遂昌金矿

这是遂昌最被看好也是最具吸引力的一条线路!遂昌金矿的开采最早可以追溯到唐代初期；《宋史 · 地理志》记载：遂昌盛产金银，称永丰银场；明代中期，开采冶炼兴盛，成为全国最主要的金银产地，一直到万历二十五年停止开采。

被誉为“江南第一金矿”的遂昌金矿国家矿山公园现已部分开发并对游客开放：这里有茂密古树掩映下的幽深矿洞，这里有开挖于上千年前的神秘金窟，这里有古代工匠采用“烧爆法”炼金时遗留的奇特痕迹，这里曾经炼出了浙江省第一块金砖……坐着旅游小火车，驶进金矿的“时光隧道”去古代金窟探秘，去感受黄金是怎样炼成的，还可亲手掂一掂展示厅中沉甸甸的金块，对于黄金的一切好奇都将在这里得到满足!

另外推荐一处农家风味的就餐点□□长濂文化旅游村。位于遂昌县城与金矿之间的长濂文化旅游村以其古朴的建筑风格、风味独特的农家菜肴深受广大游客的喜爱，其中，让游客亲自动手煮的糖水鸡蛋、新鲜猎取的野猪肉等山货、遂昌土法制作的“年糕”□□黄米果等等，乡土气息浓厚，是为一绝。

门票： 成人票98元。儿童票身高0.9m-1.2m享受半价优惠；持军官证、士官证、士兵证70周岁以上老年证或者身份证、残疾证离休干部凭离休证可享受30元/人的小火车票（免门票）。景区另收费项目：抱金砖10元，淘金20元。

自驾线路：

1.上海、杭州方向： 杭新景高速或杭金衢高速至龙游转龙丽高速到遂昌东出口下，往西走S50省道至景区。

2.宁波方向： 甬金高速转杭金衢高速至龙游转龙丽高速到遂昌东出口下，往西走S50省道至景区。

3.温州方向： 金丽温高速至丽水转龙丽高速到遂昌东出口下，往西走S50省道至景区。

4.台州方向： 台缙高速经缙云转金丽温高速至丽水转龙丽高速于遂昌东出口下，往西走S50省道至景区。

公共交通：

遂昌县城客运中心至矿山公园景区每天运行六个班次。

亦幻亦真 缘深缘浅

——千佛山

千佛山位于遂昌县石练镇，距离遂昌县城30公里，紧邻龙丽高速公路。山上岩石怪异，可见千尊佛像，故名“千佛山”。汤显祖曾以“朝日暮卷，云霞翠轩。雨丝风片，烟波画船”的诗句来描述千佛山的天然美景。景区内峡谷清幽，林木茂密，清澈的山泉穿行其间，形成变幻无穷的各种迷人水景，被誉为“江南小九寨”。千佛山植被保护良好，生态环境优越，气候宜人——春赏花、夏淌水、秋登山、冬看雪。

门票： 成人票50元，儿童身高1.2米—1.5米及60周岁以上老人凭老年证半票25元，儿童身高1.2米以下免票。

自驾线路：

1.上海、杭州方向： 沪杭高速经杭州转杭金衢高速，经龙游转龙丽高速于遂昌出口下；或由沪杭高速、经杭州转杭新景高速于新安江下转国道至龙游，再经龙丽高速于遂昌出口下。

2.宁波方向： 甬金高速经金华转杭金衢高速，至龙游转龙丽高速于遂昌出口下。

3.温州方向： 金丽温高速经丽水转龙丽高速于遂昌出口下。

4.台州方向： 台缙高速经缙云转金丽温高速至丽水转龙丽高速于遂昌出口下。

上述各方向乘车到遂昌后，转S051省道到达景区。

公共交通： 遂昌县城汽车客运站乘坐千佛山景区班车（30分钟一趟）。

王村口：认养一头“黄牛”

在王村口，我被高山萝卜焙新鲜牛肉辣得满头大汗，但鲜辣的味觉又让我欲罢不能，这种感觉印象深刻，大概就是痛并快乐着吧！

遂昌王村口，也就是大名鼎鼎的南尖岩所在的那个乡镇，除了红色旅游，最让人朝思暮想的，大概就是这里的黄牛肉了。

听过这样的故事，主人在秋收过后，就把母牛放山上，让它自己在海拔很高的山上觅食，春耕的时候，也许回家的很可能不是一头母牛，而是母牛带着小牛犊回来了！

400多年的农耕文化，让这里的人们养成了秋收放养，春耕牵回的生态养牛方式，因此这一带土黄牛肉的品质都不错，一直深受客人喜欢。遂昌有餐馆还对王村口黄牛肉在烹饪手法上进行改进，推出装盘大气的“牛排”，着实让美食家们大呼过瘾。

上海有游客到王村口后，看中了当地的养殖条件，就买下农户家里的小猪小牛，放养在农户家里，等一年后来取，届时再按照协定的价格支付费用。

如果你觉得在城市里一直吃不到价廉物美的好牛肉，那么，下面的程序可以让你过一把“牛仔瘾”。

在王村口找当地人买一头小黄牛，50斤上下，花两三千元左右，交给当地人放养。受委托的养殖户把委托饲养的小黄牛放在王村口的山上，在下山的地方设置关卡，就让小黄牛自己在山上生活：吃山上的植被，喝高山泉水。只有在大雪天气，找不到吃的，牛才会回到村里的牛舍里，喂一些自家田里种的玉米、萝卜和叶菜。

等牛长大了，几百斤重的牛估计一家人也吃不了，那么，多余的可以委托养殖户卖掉，卖掉的钱扣除小牛的成本，和养殖户分成。

因为养殖地区的海拔高，土黄牛自然放养，牛肉不仅风味独特，还有低能量、低胆固醇、高蛋白等特点，往往一上市，就会被食客们一抢而光。

农家乐的大厨告诉我，作为滋补保健食品，最简便有效的莫过于牛肉萝卜汤。但还有番茄牛肉、南瓜牛肉、萝卜丝煮牛肉、煨牛蹄等做法，都十分美味。

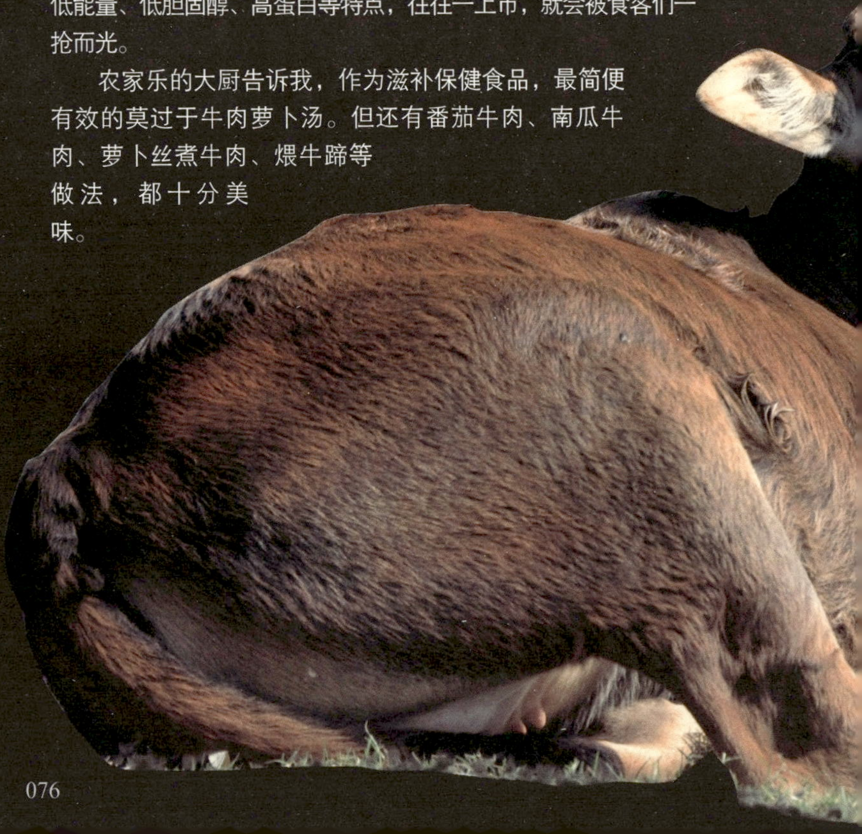

大厨还建议从大都市来的人，特别是开车的人，要尝一下另一道菜——牛肉猪血煲。并且强调一定要用王村口的黄牛肉和当地的上等猪血。

这里，公开一下这道遂昌私家菜的秘方：选用王村口黄牛肉一斤、上等猪血500克为材料制作而成。先将牛肉、猪血切成片，然后放入生姜、大蒜等辅料小火慢炖。

牛肉中富含肌氨酸和蛋白质，有补中益气、滋养脾胃、强健筋骨、化痰息风、止渴止涎的功效。猪血中的血浆蛋白被人体内的胃酸分解后，产生一种解毒、清肠分解物，能够与侵入人体内的粉尘、有害金属微粒发生化合反应，易于毒素排出体外。

长期接触有毒有害粉尘的人，特别是每日驾驶车辆的司机，应多吃猪血。另外，猪血富含铁，对贫血而面色苍白者有改善作用，是排毒养颜的理想食物。

大都市经常呼吸雾霾的人，有福了。

王村口古镇位于遂昌县西南部，地处国家级自然保护区九龙山东麓，北接省级历史文化保护区独山村，东邻南尖岩、神龙谷，南倚崇山，西临乌溪江，距县城50公里。

地道牛肉去哪儿吃：

1. 李家厨房：生态牛排，用王村口牛排和特制卤汤烹饪而成。

2. 王村口森林宾馆：牛肉骨头锅仔。

3. 好川人家：小笋烧牛肉。三仁好川溪东5号，谢丽虹13754286540。

明朝那些鸡事

以鸡出名的村，我是头一次听说。

在黄泥岭，免费的午餐不再是神话，只要你能徒手捉到鸡，你就可以免费带走！

我们这些从城里来的傻帽儿，真的有人在村里追着鸡跑，那架势，就像是鬼子进村，弄得鸡飞狗跳。

湖山乡黄泥岭村，是一个典型的库区村。一湖之隔，让这里变成了一个名副其实的"孤岛"。岛上的土鸡，饮山涧清泉甘露，食田间虫草杂粮，据说至今还保留着明朝的基因。黄泥岭的土鸡最高已卖到160元1公斤。

去村里，只能通过渡船上去。在中国很多地方，现在已经见不到免费的船渡了，而这里，不要钱，船渡完全是为了村民进出的方便。

听说，现在村里的土鸡已经被杭州的一家叫龙井草堂的会所包销了。作为对村里的回馈，龙井草堂在黄泥岭村建造了一个叫"耕读人家"的会所，定期给与村里的孩子、成人相关文化修养方面的培训。大概，这个举措，就是四百多年前遂昌县令汤显祖倡导的耕读文化的一种延续吧。

山里放养的鸡，腿脚果然了得。那些追鸡的傻帽儿，一个个跑得气喘吁吁、满头大汗，最后，还是将人民币贡献给了岛上的村民。

贴士：

1. 遂昌县城到湖山乡班车(6:00、9:00、14:00、15:40)，将近2个小时车程。
2. 除了土鸡之外，还可去品尝乌溪江的鱼头，住宿推荐对岸的红星坪温泉度假村，它的每个客房都引进温泉水，室外温泉有鱼疗池、特色美容池等。

你好 欢迎光临

美得让人想要骂娘

——高坪杜鹃

“妈的，太美了，这辈子没见过这么壮观的杜鹃花！”同行的土匪发出这样的感慨。

来遂昌高坪之前，QQ群里的一帮无锡摄友问5月的丽水玩什么，我告诉他们去遂昌看杜鹃花。

他们说，杜鹃花，无锡也有啊。我说，无锡的杜鹃是家养的，丽水的杜鹃，才是真正的映山红呢。

这是第二次来高坪看杜鹃了，第一次是丽水的朋友带我去看的，而这一次，是我带着江苏的四个家庭。

高坪农家，其实是乡村别墅，说别墅，也就是比较规范的农家乐了。现在，这样的别墅有20栋，一年四季都可以接待来高坪休闲度假的客人。我们就住在这样的农家别墅里。饭桌上我的遂昌朋友偶然说出的半笑话的广告语让我印象深刻，他说，这里值得“一年来两次，一次住半年”。

晨曦中，带着我心爱的点点，我们上山了。

以为起早了，上了山才知道，很多背包客晚上就住在山上。我们上山，他们正好下山，迎面看着他们饱览风景的满足样，着实让人羡慕。当我们知道昨晚有几千人露营山顶的时候，还是吃了一惊。

一个多小时的路，不时地被发现了杜鹃花的惊喜所覆盖，我们根本来不及疲惫。

到了山顶，杜鹃花漫山遍野，简直红到了极致。万亩杜鹃，是怎样的一种美景？我竟然找不到一个恰当的词汇！

“这里，很多年前曾经发生了一场山火，几年以后，奇迹般的，过火的山坡竟然长出了密密麻麻的红杜鹃。”半路上，挑着柴火的村民告诉我们。

这样的故事我是相信的，大自然的因果关系，谁说得清呢。

遂昌县高坪乡茶树坪村，位于遂昌县城北60公里，距龙丽高速公路遂昌北界出口15公里。海拔1100多米，年平均气温在15℃，夏季最高气温27℃。村后桃源尖，海拔1300多米，山峰连绵接天，遍地杜鹃。每年5月，杜鹃花开满山红遍，方圆十里一片花海，蔚为壮观，被称为“万亩杜鹃”。

自驾线路：

1.上海、杭州方向：杭新景高速至龙游转龙丽高速到北界出口下，经北界镇、应村乡，到达高坪乡。

2.宁波方向：甬金高速转杭金衢至龙游转龙丽高速到北界出口下，经北界镇、应村乡，到达高坪乡。

3.温州方向：金丽温高速至丽水转龙丽高速到北界出口下，经北界镇、应村乡，到达高坪乡。

4.台州方向：台缙高速经缙云转金丽温高速至丽水转龙丽高速于北界出口下，经北界镇、应村乡，到达高坪乡。

公共交通：

在遂昌汽车站乘坐遂昌到高坪的班车，班车从早上6:40开始，约40分钟一班，行程大约两小时。

贴士：

1.在杜鹃花的盛花期，为让游客有序观花，高坪会对进入茶树坪村的车辆进行交通管制，如果想要在茶树坪的停车场找个车位，你得起个大早去占位置。

2.高坪乡拥有高坪新村、茶树坪村、箍桶丘村、湖连村等四个农家乐经营专业村，100多户经营户，1000多个床位，近5000个餐位。预定电话：高坪新村：0578—8306666;茶树坪村：13867086069;箍桶丘村：15990877089;湖连村：13454355338。如果你是露营爱好者，可以夜宿山顶，运气好可以看到云海杜鹃的奇观。

3.住在高坪农家乐不要错过美味的农家菜，推荐高山有机蔬菜、土猪肉、笋干，酒鬼们一定要品尝野山楂酒、野猕猴桃酒、金刚刺酒、野杨梅酒、野红豆杉等土酒。

亲，我在丽水！

我的旅行日记

吃炭

黑乎乎、硬邦邦，入嘴酥脆，唇齿留香，你以为我在吃什么？我在遂昌吃炭！

第一次“吃炭”，是在遂昌金矿黄金大酒店外的小卖部，买了一盒“竹炭花生”。说是花生米，但外面还真黑得和炭粒一模一样。小心翼翼拿起一粒，放到嘴里，轻轻地咬着试试，没有一点炭的感觉，反而有股独特的清香。

竹炭皮花生，是将花生米外面用黑炭粉调制的淀粉裹上，再放到油锅里炸熟，外面看上去黑黑的，全然没有了花生米的红润之色，然而，正是这竹炭的作用，使原来油腻的花生变得不油腻了，因而可以百吃不厌。

在遂昌竹炭博物馆的明清一条街，才见识到真正的竹炭美食，黑炭烧白米饭、炭烤鲈鱼、炭烧排骨、炭烧鸡翅，还有由炭棒调制的咖啡，每道菜肴甚至用餐碗勺都体现着炭文化。

听说最好吃的要数竹炭面条，一个人点上一锅排骨竹炭面，开吃。

一个大大的火锅，里面几块排骨加冬笋，还有葱花、蒜叶。黑黑的竹炭面条，趁着沸水，边煮边吃，碗里放上醋、辣椒酱、葱花、蒜泥等各种佐料，将面条捞上来，一拌，“嘿，味道真的好极了！”

中国竹炭博物馆

坐落于遂昌县城上江竹炭产业园区内，距遂昌县城6公里，车程约10分钟，是国内首家以炭历史文化及国内外炭产品展示为主题的博物馆。

博物馆以徽派建筑风格为主，馆内雕梁画栋，湖光山色，可以向馆内供奉的炭祖祈福。博物馆里有炭缘客栈客可住宿，竹炭美食一条街，炭窑酒吧唱K、品茶，炭养生馆等。

炭缘客栈是国内首家“竹炭环保休闲客栈”，各种特色客房60余间均采用大量上等竹炭环保材料，有单人间、多人间和家庭间，每一间客房都是别具一格、独一无二的，具有浓郁的竹文化、炭文化，预订电话：0578-8185218。

门票：成人票30元。

古意松阳，耕读传家
亲，我在松阳

月宫偷下来的音乐

到松阳之前，就听说当地流传着一首唐玄宗迷恋的《霓裳羽衣曲》，光听名字就已经够让人销魂。

仙乐奏起，想象着杨贵妃带着宫女载歌载舞，宛如仙女下凡，群臣们一个一个目瞪口呆。究竟是什么样的音乐，能让整个宫廷为之陶醉？带着种种疑问，我踏上了松阳的旅程。

松阳县古市镇，卯山，江南叶氏发祥地，俭公祠修缮促进会在对当地各种民间乐曲进行抢救性整理时，《月宫调》被意外发现。

俭公祠旁，坐落着叶法善道院，院主叶法善曾是唐玄宗的座上宾。

八月十五，叶法善与唐玄宗同游月宫，听到仙曲《紫云回》。精通乐律的唐玄宗感觉妙不可言，默记于心，回来后重新加工，取名为《霓裳羽衣曲》。

安史之乱后，叶法善把曲子带回松阳老家，改名为《月宫调》，开始在民间广为流传。“早年间，我们这里迎太保、搞庙会都会演奏这个曲子。”听过演奏《月宫调》的当地老乡这样说。

60年代前，每年的小水卯时，都要举行纪念叶法善功德的活动。村民抬着他的塑像，游街串巷，演奏三清锣、三清调乐曲，气氛热闹非凡，像是一个宫廷音乐会。

现在，这场宫廷音乐会的主角，就是由叶法善后裔和几十位民间艺人组成的“月宫神韵古乐团”。除了《月宫调》之外，他们还能演奏几十支古曲。

叶万芳，叶美玉，一个对曲谱熟记于心，一个擅长多种乐器，成为叶法善道教音乐最重要的传承者。

乐队有一个规定，就是不参加商业性演出。每年松阳的茶叶节，他们都会出场。

如果哪天你走在松阳的乡间，远处有丝竹声传来，千万不要以为这是村民自娱自乐，说不准，他们演奏的是当年大唐盛世的国乐。

卯山森林公园位于松阳县古市镇北部，由卯山、万寿山、七都3个景区和八都生态保护区组成，距离县城12公里。卯山景区内留有叶法善天师修炼处卯山观及通天观旧址，万寿山景区有白鹤大帝殿遗址。情人谷是松阳卯山国家森林公园的一个主要旅游景点。传说唐代著名道教真人叶法善，在卯山修炼成仙，后来成为唐玄宗的座上宾，并圆了玄宗到天堂与杨贵妃幽会的梦，因而备受尊宠，105岁仙逝，归葬于卯山。因此，“情人谷”又称仙人谷。

昨夜，我醉倒在松阳，在一个叫章山的古村落里，为风景，也为友情。醒
我这样想，在章山的宿醉也算圆满，在丽水的每个区县，我都醉过了。

车子从丽龙线驶过南山大桥，转眼间就到了松阳县的裕溪乡，车子向右拐
一条村级公路，就到了章山岭脚。坐落在裕溪乡的章山村，是一个普通又不普
的古村落。说普通，是因为它的不露声色，起码，很多年前是这样；说不普通
是因为这里竟然做出来一个写生基地，能让千里迢迢的外来画家迷情于它的百
沧桑。

和丽水很多老村子一样，章山隐藏在半山腰上，虽然它距
古堰画乡景区的堰头只需十分钟车程，但要觅得真容，非得沿
细细的山路，盘旋再盘旋，而后，豁然开朗，好一个桃花源
外来客人都会发出这样的感慨……

和丽水其他的老村落比较，一个深刻
感觉就是颜色的不一样，这里的泥墙是
土，很是入画。进入村口，一片浓荫
一株枝繁叶茂的百年桂花树和
株白杨梅树相偎相依，而
株千年大樟树就静
地撑着华盖
让来人

章山：丽水版“吕氏春秋”

受着清凉。

虽然村居因为年久失修显得破旧，但是一眼望去，民居和山势浑然一体，感觉多一处不美，少一处也不美。

在村中走，能感受到年代久远的古民居散发出来的古旧气息，章山村外表的破旧，正好可以让人从历史的纵深处好好阅读。

鹅卵石砌成的墙基泛着幽光，房屋中的古井使周围的地面也透着寒意，而高高的泥墙上只开着圆形的小窗，是为了防火还是其他，也颇让人费尽思量。

在一幢古民居的门楣上，写着“忠厚家族”几个字，字迹不甚清晰，明显是用泥巴糊过，后来再抠出来的，一看就知道是“文化大革命”遭到过破坏的那种。

走进大门，房子已破旧不堪，但早先的屋主人非同一般的身份和地位却可以从那些精细的雕刻上体现出来。

根据族谱记载，章山村吕氏是秦始皇相国吕不韦的后人，一个不大的村落中出现过不少俊杰，在仕途、学术、武术、建筑、经商等方面取得了相当的成就，他们将这一切归纳于村落的风水。

章山真正成为一座村落是清康熙末年。传说一天，一个叫吕祖富的碧湖保定人来到章山寺上香，僧人将吕祖富带到了章山寺北一里开外的一处山谷，指了指一块长弧形的谷地，没有留下一句话就转身离去。在僧人所指处搭起了一座茅屋，这个家徒四壁的年轻人在此开始了艰辛的扎根创业。在之后的三百年间，吕氏家族渐渐繁衍兴旺，几十幢规模不一的屋舍沿着狭长的山谷铺开，形成今天层次明朗的章山村。如果有村史，章山大概就是一部丽水版的“吕氏春秋”吧。

我不懂风水，但我懂得怎样的风景养眼，就像章山周围那莲花瓣状的山峦；我不懂PM2.5是怎样的专业名词，但知道怎样的呼吸顺畅，被森林拥抱着的章山，纯净的空气已经让我觉得很是奢侈。

在村里，我结识了一个叫吕丽伟的兄弟，他放下在丽水城里的生意，现在每天在为章山的旅游发展操劳。他说，村里墙角院落已经种下了好多蔷薇，期待着能否有一天，一个村用一种花造就一个旅游的传奇。

因为一个人，恋上一座城，因为一种花，也可以恋上一个村。

我说，等蔷薇盛开的年份，章山对外宣传就叫“中国蔷薇村”吧，吕丽伟说，这个可以有！

章山村 位于丽水市的西部，距离丽水市区约四十分钟的车程，距离古堰画乡通济堰景区只需十分钟车程，是个古色古香的小山村。章山村得名于章山寺，是丽水学院学生实训基地和重要的写生基地。

“千千阙歌”话石仓

车子随着河流蜿蜒盘旋，向山的更深处驶去。五月初的松阳，下起了沥沥小雨，这样的天气，去深山里的客家村走走很合时宜。

萌生去石仓看看的念头，是因前段时间芷有一间来了两位福建的客人，慕《时尚旅游》之名，来江南深处寻找瓯江上游的古村落。在临江的露台上，我指着江对岸绵延起伏的群山，告诉他们：往松阳方向，有一个古建筑群叫“石仓

古民居”可一游，那里是客家人聚集地，“阙”是大姓。客人大惊，说她也姓阙，客家人也，莫非这个石仓原居民都是从福建迁来？答曰，正是！来自福建汀州，也就是现在的长汀，这趟，他们可以顺道走亲戚了。

松阳大东坝镇石仓小河谷内，一个拥有二百七十多年历史的阙姓村寨深藏其中。这里泥墙青瓦，鳞次栉比，30多幢古民居大宅错落有致地点缀于此。

在村民的指引下，直奔古民居比较集中的六村。漫步村间，仿佛置身一个石头的艺术世界。宅墙、柱础、天井、水池、路面、巷弄，无一不是以石仓溪中卵石为材料建成。石仓古民居均处于石仓溪两岸的山坡地上，每一处院落都巧妙利用山势地形布局，一层叠着一层往上走，形成“后门通大院”（前面人家楼上的后门即通向后面人家的大院）的特殊构造。

穿过已经有三百年历史的旧屋，雕栏画栋已经失去了当年的色彩，但气派依旧。

拐进一处别致的院落，天井下的花草经过雨水的冲刷，明亮而夺目，

几只鸭子正闲庭信步。宅主很是好客，见有客到访，热情地招呼我们坐下，沏茶、递烟，像久违的朋友见面一般。

介绍中得知，村中现有800余村民，其中90%以上均为阙姓人氏，先祖是民族英雄郑成功部队的一员，从福建汀州迁徙而来。虽然背井离乡三百余年，但村民们至今仍操闽语循闽俗，保留了闽地的生产、生活习俗。望着老人家那饱经沧桑的脸，不禁感慨到，那一脉相承的基因，任时空涤荡，依然流淌在他们的血液中。

“清朝初年三藩之乱后，浙西南一带人口锐减，许多田块荒芜。社会动乱平复后，浙江鼓励周边移民迁徙，相邻的福建迁来大批移民。我们的祖先就是此时迁来的。”老人家说。据祖谱记载，阙氏来自闽西汀州府，今属福建省龙岩市。

迁移之初，阙氏先祖以替人做工为生，慢慢有了积蓄，开始购置山林田产。

后来田产越来越多，还雇人耕种。那时石仓本地流行种靛青，通过种植靛青开始积累财富。

石仓在明清年间陆续建造的30多幢大宅，无论从房屋的规模、结构，还是装饰上看，主人绝非一般人家，但阙氏家族列祖列宗未闻有名卿巨公，也鲜有鸿儒大贾，以农耕为业的山民，如何能建此大宅？这是个谜吗？

问宅子的主人，祖上是做什么的，答曰：采石头的，这让人一头雾水，祖上采石头能积累这般财富？回来百度一查，有一位专门研究石仓的专家给出了答案：让石仓阙氏达到财富鼎盛期的，是冶铁业！“村民将蔡宅一带山坡上蕴含的铁矿砂采掘后，淘去浮土，洗出铁砂，置炉冶炼。这一在现代采矿业中称为‘选矿’的过程，石仓村民称为‘洗砂’。”

果然是采石头的，但对石头进行了深加工。阙氏家族对冶铁业的娴熟让人想起了福建长汀，当年红军在那里有一个很大的兵工厂，不知道当年长汀兵工厂里有多少阙姓儿郎，也不知道多少阙姓儿郎拿着自己造的枪弹上了战场。

石仓村落古宅保持着明清时代的历史风貌，先民们运用“文房四宝”的象征手法，布局村庄建筑格式，独具特色。村旁有一座类似笔架的山，山下穿村而过一条笔直的路，这是“笔”；沿着此路行至水井，就是“砚”了；井边摆放着一根条石，想必就是“墨”了；垒卵石成方形宅墙，古宅地面就像一张张展开的“纸”。

曾经去过山东曲阜，知道孔庙东墙外有阙里街，春秋时期阙氏就居住于儒风最为浓厚的齐鲁核心地带——山东曲阜阙里，与

孔子为邻，后来虽历经多次迁徙，但其崇尚文化、讲究礼仪道德的风气没有改变。原来，阙氏的血液里还流淌着儒商的基因。

除古民居外，石仓至今仍完整地保留着一些古桥、古道。从石仓源的头至尾，横跨石仓就有六座石桥，经过石仓通往云和的古道，宽2米，大部分用青石板铺砌，青光铮亮。

忽然想到了《千千阙歌》——来日纵是千千阙歌，飘于远方我路上。临行临别，才顿感哀伤的漂亮。

《千千阙歌》和石仓古民居没有任何关系，只为要感谢很多年前迁徙丽水的阙氏家族，感谢在三百年后，人们还可以见到这曾经的风景。这原汁原味的古村落，现在很难得！

不知道那位从福建来的阙姓客人去了石仓没有，如果去了，但愿能找到她的亲戚。

石仓请年神

在石仓，每到除夕，乡亲们总要不嫌繁琐地进行一系列祭祀祖宗神灵的仪式，祈求来年风调雨顺，五谷丰登。这就是“请年神”习俗。

年三十，一大早，男女老少齐上阵，刷洗的刷洗，烧火的烧火，掌勺的掌勺，各自忙开，有条不紊。养了“过年猪”的家庭就用猪头，没有“过年猪”的就用一刀“肋条肉”替代，与杀好的大公鸡一起放入大铁锅里煮。当家的男人则将擦净的桌子移到大门口，摆上煮熟的猪头（或猪肉）、公鸡和鱼（即"三牲"），加上糖糕、豆腐等，点上香烛，斟上米酒，请年神仪式就开始了。等天地诸神吃饱喝足，烧一沓纸钱，放一串鞭炮，然后收起祭品，赶往祠堂（前辈祖宗灵位之所在）、社屋等处，按相同的仪式一一祭拜过来。

每年除夕，最热闹的要数阙氏家祠，人来人往，门庭若市。阙姓人家从四面八方赶来祭拜祖先，远在他乡经商、打工、学习的也要在这一天赶回来参加祭祖仪式。先到祠堂里祭拜迁浙入松的祖先，再到祠堂外祭拜远在福建的祖先，祈求祖先保佑阙家子孙后代幸福安康，事事如意。请年神习俗世代沿袭，成为石仓山村一年里最为盛大而庄严的节日。

石仓位于松阳县东南部，距县城25公里，东、南两面与云和为邻。传说，从前石仓乡下茶排村旁有古庙，庙内有一岩洞，每天有米涌出，称为石仓。康熙年间阙姓人家自福建上杭迁入松阳，聚居于此，世代繁衍成石仓望族。石仓居民世代以农耕为主业，以商贸、小手工为副业，聚积财富；在山沟之地留下一批民居古建筑群。历史上曾有部分古建筑被毁，但至今仍存留清代古建筑30余座，其中大部分为民居，另外还有寺庙、祠堂、古桥、驿道，如夫人庙益庆堂、定光古佛院和阙氏家祠。

四都寨头有个“毛主席”

看到我牵着苏牧进去，“毛主席”热情地要帮我的狗介绍女朋友。

也许是听到要取小媳妇，点点兴奋地在“毛主席”的院子里撒了一泡尿，以便勾引趣味相投的母狗。

寨主名叫毛进军，是松阳摄影协会主席，圈子里的人都叫他“毛主席”。因为喜欢拍云海古村，“毛主席”便在松阳四都乡学校的原址上，活生生整出一个庄园来。

寨子气派得很，牛腿、木门都是老东西，现在已经很难弄到了。庄园据说花了好几百万，真能烧钱，难怪都说“要一个男人破产，就让他玩摄影。”

饭前随便溜达，闯进了“毛主席”的摄影作品室，两个房间，墙上全是五颜六色的照片，题材以松阳为主，张张让人瞠目结舌，反正我这种业余水平是拍不出来的。

爬到寨子的最高处，上面居然有个活水池，取名天池，估计是能倒映出天的缘故。同行的朋友说，水是从山上村里买来的，再一次感叹玩摄影的人真是费钱。天池旁边有一个鹅卵石码出来的高台，对于它的用处我很是好奇，朋友悄悄告诉我说是T台，玩人体艺术的时候用的。说着说着，只听“扑通”一声，一个全裸的小屁孩儿一头栽进了天池里游得欢快。原来，天池除了拍照，还是个游泳池。

晚饭在包厢里吃的，这个简直就是超五星级的包厢。推门进去，第一

反应还以为走进了一个观景台。正对门的地方，一块雕花落地玻璃，外面是群山和县城，坐在包厢里，突然有一种占山为王的感觉。如此硬件设施，就算坐在里面喝碗稀饭，也觉得奢侈。

席间，“毛主席”穿着一身真丝睡衣进来递烟，有点上海滩大哥大的范儿，可能搞艺术的人都这么不拘小节。

如果摄影也算一门艺术的话，那“毛主席”就是一个资深的艺术家，艺术家搞出来的寨子，品味果然不俗。

不得不承认，这是一个适合谈情说爱、风花雪月的寨子，于狗也于人。

四都寨头摄影休闲园位于松阳县四都乡，距离县城东北15公里。四都气候变化大，昼暖夜凉，雨后或空气湿度较大时的清晨，极易形成云海、云雾袅绕山涧。“山峻、云齐、水秀、村古”是这里的特色，云雾、红枫、冬雪、乡村，吸引了国内外摄影家和摄影爱好者纷至沓来。园内提供住宿、餐饮，房价平时200，节假日230（标间），园主毛进军，电话：0578-8879888，手机：15157887788。

喝一碗端午茶

走累了，到村子里去讨口水喝。老大妈拿出一个吃饭的碗，从一个土罐子里倒出一种颜色和可乐很相似的液体递到我手上。

鼻子凑近，一种独有的中草药香味扑鼻而来，一口下去，从嘴里到心里都畅快了起来。

同行的朋友告诉我，在松阳，家家户户都知道一招清凉解暑的方法，那就是喝千年流传下来的端午茶。“每到夏季农忙时节，村民们都会带上一大壶端午茶到地里干活。休息的时候喝碗端午茶，很解渴。”

端午茶主要由藿香、鱼腥草等草药配制而成，每逢端午，村民上山采摘晒干，切好后放在家中，想喝就拿出来。

在古代，松阳多为山区，交通条件差，如果遇病请郎中更是不便，为此，松阳先民通过长期积累，采集草药来防病，因此，百益无一害的端午茶成了包治百病的“万能茶”，是民间传统的保健饮料。

采集端午茶，松阳人十分讲究，因为端午茶是家庭日常不可缺少的保健饮料，在采集过程中，人们都习惯性地搭配一些既有药用功能、又甘醇清香的草药，使配制出的端午茶更清香可口。

松阳素来有“中国绿茶集散地”之称，这里有年交易额达35个亿的中国最大的绿茶交易市场，每天的绿茶价格由松阳发布，可以说，中国绿茶的命运都掌握在松阳茶农的手中。

三国时期，松阳就出产茶叶，唐朝时期已成为主要特产之一。以茶为媒的生活礼仪、以茶修身的生活方式得以在民间流行。

倘若机缘巧合，

去松阳古村落

讨一碗老百姓自制的端午茶，和着

淡淡茶汤，

品一個你所不知道的松陽。

在这样的村落里

我的旅行日记

松阳旅行，
不可错过的七件事

1.体验箬寮小木屋之夜

箬寮得名于一个凄美的传说：相传有位姑娘误食龙蛋怀孕，被逐出家门后摘箬叶搭寮棚安身，后人把这棚称箬寮，寮棚所在山峰名为箬寮岘。

在箬寮原始森林景区，20套小木屋鳞次栉比，依山而建。去箬寮，一定要住一晚小木屋，于丛林之中享受野趣。

2.四都寨头，过几天云上的日子

这里常年云雾缭绕，这里的生活，就是一部电影的名字——《云上的日子》。

晨起观云海，傍晚赏晚霞，晚上数星星。带着相机逛逛附近古村落，乏了回房间睡个饱，饿了吃顿农家饭……原汁原味的田园生活，实实在在云上的日子。

3.走走古村落，捡拾关于乡村生活的残存记忆

横樟村里住着包拯后代，遵循阴阳五行进行布局的山下阳村、“金色布达拉宫”杨家堂村、船形村落界首村……在丽水瓯江上游，隐藏着两百多座格局完整的传统村落。在这“素面江南”的最后领地，你可以找寻到“男耕女织”的原始生活场景。

4.黄家大院，看东阳木雕之精髓

中国最好的东阳木雕在松阳，去松阳，千万不要错过黄家大院。黄家大院位于松阳县望松乡乌井村，属于清代末年大财主黄秋光的私人民居宅院。大院始建于清同治年间，占地6460平方米，建筑面积1942平方米，院内两百多个“寿”字没有重样。

5.租一辆自行车，去大木山茶园兜风

“凑挖嘿哟（韩语我喜欢你的意思），喝啥哟”。穿行在松阳县新兴镇横溪村的大木山茶园，脑子里突然蹦出这句康师傅蜂蜜柚子茶的广告语，置身2万2千多亩的茶海中，你也可以是茶广告代言人。

6.吃一顿地道的农家菜

八宝菜、山粉圆、松阳煨盐鸡、歇力茶烧猪脚、白片儿土鸡锅、捞汤菜火胴骨、火腿卵鳖、松阳豆腐娘、玉岩洋芋饼、松阳卤笋咸、仙草豆腐……请准备好你的肚子和钞票，开始一段味蕾之旅。

7.松阳明清古街，找寻那些逐渐消失的老行当

布店、烟行、草药铺、剃头店、裁缝铺、南货、制秤、打铁、制蓑衣……在松阳县城的明清古街上，传统店铺和作坊工场日复一日地活在老百姓的日常生活中。

去松阳明清古街，找寻那些逐渐消失的老行当，品读一段古城的历史。

藕花深处
亲，我在莲都

老竹镇的“夏雨荷”

“皇上，您还记得那年大明湖畔的夏雨荷吗？”

在丽水老竹镇，也有一个夏雨荷，它不是一个人，而是一幅夏日雨后荷花含苞待放的水彩画。

当嫩黄色的树叶退去娇羞，抖出一树的葱茏；当熟透的桃子、杨梅沉甸甸地挂满树梢，夏天来了。丽水的夏天——有一片清纯明亮的池水，在微微漾起的水波中，夏荷静静地亭立，一朵朵，一片片，婀娜的腰身轻摆，恬静安谧……

这两天，“千荷农庄”的老板娘郑淑芬在里里外外地忙碌着，很多慕名而来的客人就是要品尝这里的荷花宴，这里的荷花宴可以把荷叶、花瓣、花茎、果实都做进菜谱。而包厢外望去，园里68种荷花汇集一处，相当壮观，让人仿佛置身于仙境。

“千荷农庄”里原来种植了56个

品种的荷花，寓意“56个民族56朵花”；现在已经扩大了规模，品种达到了68种，既有国内的也有外国引进的，“日出”“紫玉”“洛神”“宝珠观音”“寒江独钓”……光听这些名字，就让人对它们产生了好感。

当然，最具地方特色的还得算“处州白莲”，它的花期在5月中旬，洁白的花朵绽放池中，仿佛仙女下凡，甚是美丽。郑淑芬说，正常来说，“处州白莲”花期应该是从4月底一直延续到9月底，期间各种荷花竞相开放，争奇斗艳。那个时候，正是赏荷的好时机。

其实，早在一千五百年前，处州也就是今天的浙江丽水已开始种植荷莲；自唐代，丽水就有“莲城”之誉；2000年7月,丽水撤市设立莲都区。

2009年4月，“处州白莲”注册为国家地理证明商标。

接天莲叶无穷碧，映日荷花别样红。如果你近前，请放缓匆忙的脚步，夏荷会羞怯地低下头，水中印出一片羞涩的梦影儿，藏着深蓝的小秘密，萦绕成一圈美丽的梦呓。迷蒙的轻烟，弥漫着。这水、这叶、这花，化成了绵绵的幽梦和娓娓的诗句。生动着惊艳千古的美、弥漫着沉醉万世的香……

在丽水，

那个叫老竹畲族镇的地方，

去邂逅一个不一样的夏雨荷……

老竹镇：

位于浙江省丽水市莲都区境内，是丽水市唯一的畲族建制镇，畲族同胞占全镇人口的20%左右。老竹镇现有处州白莲种植面积1143.7亩。每年5月，老竹镇东西岩沿线的处州白莲基地荷花开始绽放，6月底，莲蓬陆续开摘，7至8月份则是千亩处州白莲基地的荷花盛花期和莲蓬采摘高峰期。

畲族婚嫁“双头家”

畲族实行一夫一妻制，同姓不婚。婚嫁习俗有女嫁男方、男嫁女方、男女互嫁等。男女互嫁即“双头家”，男女结成夫妻后，双头都是自己的家，来回走动，共同生产、共同管理两家的家庭事务，共同赡养两家的父母长辈。

男嫁女方即“嫁男”，俗称“当儿”。《畲族简史》记载：“喜招女婿,可以婿为子”。男子嫁到女方之后，改姓女方姓，家庭成员称谓不以“女婿”身份称呼，而是跟新娘同样称父母和兄弟姐妹，亲如骨肉，家庭地位和财产继承平等享受，不受任何岐视。它与当地汉族的“入赘”截然不同。

畲族婚礼中以迎亲路上拦赤郎、长夜对歌闹吉祥、“溜筷”与“衔千斤饭”、拜堂少两拜等最具特色。每年东西岩“三月三”畲乡文化节有畲族婚俗表演。

东西岩

坐落在老竹镇境内虎迹溪畔，位于丽水市西北28公里。东西岩属典型的丹霞地貌，因东、西两巨石对峙而得名。景区内险峰绝壁，穹隆崛起，怪伟环峙，玄奇壮观，有清风峡、剑劈石、将军岩、七女峰、穿身洞、石梁等117个景点。（东西岩风景照一张，一个通版2P）

门票：成人票45元。

交通指南：从丽水城中丽阳门公园（东）乘坐310公交可到达，每天2班，发车时间7:20、15:00；311路巨溪方向公交车路过老竹镇。

我的旅行日记

花痴，来吃花

想去老竹镇看荷花的花痴，除了喂饱你的眼睛，别忘了吃一顿荷花宴，让你的肚子也满载而归。

莲香鸡、荷叶田鱼、果珍藕片、莲鞭泥鳅、脆炸荷花、清炒藕杆、荷香饭、排骨莲藕汤、银耳莲子羹……活生生一桌用荷花做的“满汉全席”。你想到的想不到的，在老竹都可以吃到。

花痴们，老竹叫你来吃花啦！

山哈大席——畲家十大碗

畲家十大碗是老竹畲族原住民自古以来招待贵客所研制的土而传统的菜肴。如今，加以研发改良制作成了精美的畲家待客宴席。十大碗取料均来自于大山，因生态、有机、民族特色浓郁而闻名于游客的口碑中。

畲家十大碗名副其实地用大碗盛菜，不仅味美，而且量足，吃起来过瘾。饭量大的吃货们，再也不用担心吃不饱啦！

大碗咸肉木耳、大碗土豆牛腩、大碗猪血豆腐、大碗雷大笋、大碗红烧鱼块、大碗香菇肉片、大碗荷香鸡、大碗芥菜、大碗豆腐娘、畲家大块肉，一口气能说上来的估计没几个，不过不打紧，能吃到就行。

推荐用餐：

新畲家山寨：

位于老竹沙溪村东西岩入口处。特色菜有霸王别姬、畲家十大碗等。联系人：许永卫，电话18957050995。

新麻雀湾农家乐园：

特色菜有红烧香鸭、土菜等。联系人：朱梅月，电话13867060377。

关门营业的怪店——芷有一间

顺着老街上隐约的蓝调音乐找去，在江滨路113号，推开了芷有一间的门。

芷有一间是古堰画乡瓯江边上的一个小茶馆，被丽水人称为有点小资、有点文艺、有点故事的休闲茶馆。

关于芷有一间的老板，民间流传着两个版本：一个是说重庆美女厌倦了世俗，在岸芷汀兰处开了这间茶馆；另一个版本是，一个走遍了中国大部分版图的旅游记者，找到了这处真山真水，便在此隐居起来。

“老板是女的，我给她打工”，老吴风趣地解开了谜团。

茶馆最抢眼的就是被老板亲切地称为“我的秘密花园”的临江露台了。30平方米不到，种满了花花草草。露台的桌椅、栏杆都是用实木做成，花架也是用实木搭建的。坐在露台上，可看景，可听风，发呆、打盹、上网都可以，就是别吵闹，老板说的。“最喜欢周一到周五，人少、安静，周末人多太吵了，煞风景。”重庆美女说话果然直接。

芷有一间的特色是关门营业。为什么关门，老吴说是被热情的游客给吓到了。刚开店的时候，也是开门迎客的，某天，一导游带着近30人的旅游团从门口经过，由于对露台的风景完全没有免疫力，游客们蜂拥而至，拍照、尖叫，好不热闹，这让准备隐居于此的老吴完全措手不及。更让他没想到的是，游客散去，露台的花草伤痕累累，倒的倒、摘的摘，还有被烟头烫伤的，这让视花草如命的老板心疼了好久。从此，芷有一间便定了一个关门营业的规矩。如果你是一个崇尚自然、喜欢安静的游客，你可以推门进去，和老吴共享芷有一间如画的山水。

芷有一间最让客人hold不住的要数二楼沿江的全木质阳光房，没有之一。这有且仅有的一间客房，只接待爱生活爱旅游，不吵不闹的驴

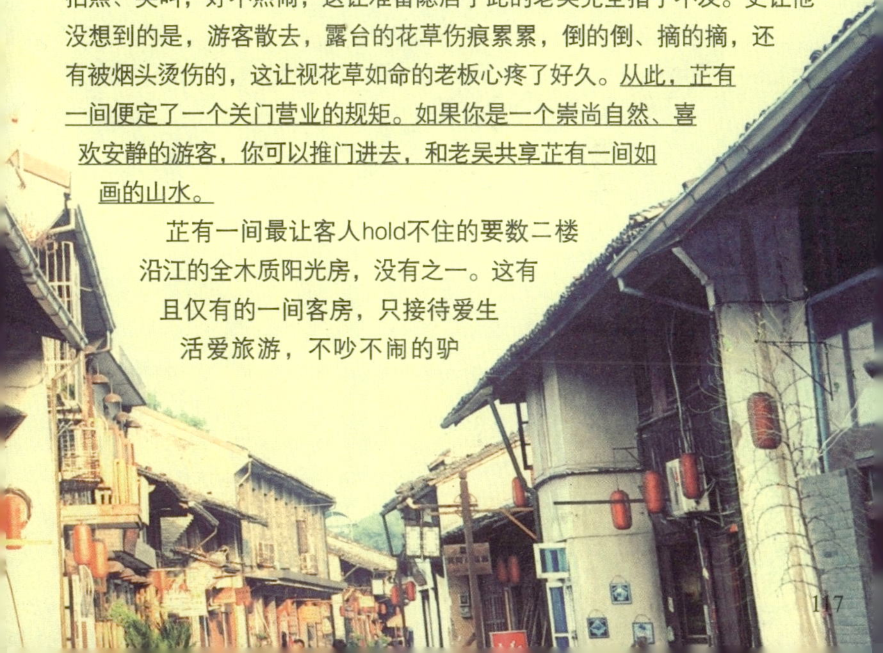

由于想参观的客人实在太多，老板在楼梯处挂上了“止步”的木牌。

还有他们家的苏牧狗狗“点点”，在满是中华田园犬的老街上，绝对称得上是大港头一哥。在进店的客人中，它可以清楚地辨认出美女和“恐龙”。因为，它只和美女亲热。如果你美得举世无双，那么就等着被它亲、被它舔、被它各种抱大腿吧。

在芷有一间，你可以看到丽水最具代表性的不老青山和长流绿水，难怪大家都说：“没到过芷有一间，就不算到过丽水！”

想看美景想听故事的，可以新浪微博搜索“芷有一间”，或者百度“丽水旅游微电影”，那个声音浑厚饱经沧桑的男人，就是传说中的老吴了。如果想看美女，还得麻烦您亲自走一趟。

可爱的店主：

淡淡的音乐，

浓郁的咖啡，

和可爱的苏格兰牧羊犬

虽然没有温暖的太阳

但温暖的小店足以温暖人心

如果有下次，

我们只好芷有一间来到古堰

喜欢古堰

也只因古堰有芷有一间。

—Z阳 2012.12.28.

…下午

…的闲暇时光

和朋友们待在这里

和点点玩着，听着歌

幻想着将来也有一间这样

的属于我的小阁楼。

而且，

希望我和我的爱人们

生活在这样的地方。

疯够了，再回去

古堰画乡旅行，最文艺的八件事

1. 望江喝茶晒太阳；
2. 安静的小吧里读书；
3. 漫步清晨六七点钟的老街；
4. 不要错过晚霞中的瓯江帆影；
5. 坐一只船游瓯江；
6. 画一幅送给自己的山水画；
7. 心无杂念，单纯发呆；
8. 客栈里感受宁静的夜。

古堰画乡

位于瓯江中游，距离丽水市区23公里，由位于碧湖镇堰头村的古堰和大港头镇的画乡两部分组成，两地隔江相望又浑然一体。这里有国家级文物保护单位、建于公元505年（距今1500年）的通济堰，还有千年古镇、古樟、古村落。

门票： 联票40元/人（包括画乡20元、古堰20元、游船10元）。

景区游船： 古堰画乡有两个景区对开的游船，10元/人。联票已经包含单程的游船，如果你要来回的话，还得再淘10元。

公共交通： 丽水市区有203公交直达大港头，公交从火车站发出，途径丽水汽车东站、汽车西站。火车站—大港头05: 35–19: 15，大港头—火车站06: 32–19: 00。票价3元，车程约60分钟。

自驾线路：

1.上海杭州出发： 杭金衢高速至金华转金丽温高速，到丽水富岭转丽龙高速到碧湖出口下，往西（龙泉方向）走S53省道至大港头镇即可。

2.宁波出发： 甬金高速至金华转金丽温高速，到丽水富岭转丽龙高速到碧湖出口下，往西（龙泉方向）走S53省道至大港头镇即可。

3.温州出发： 金丽温高速到丽水富岭转丽龙高速到碧湖出口下，往西（龙泉方向）走S53省道至大港头镇即可。

省钱秘籍： 画乡的老街上有很多小弄通向外面，随便找条小弄，就可以省去40元的门票钱了。对于从小弄进入景区的游客，渡江的最佳方式就是乘坐大樟树下的蓝色铁皮船，1元/人，特别适合穷游一族。

哥捡的不是石头

“只要走在石子路上，我的头就抬不起来！”古堰画乡芷有一间的老吴，在谈起画乡生活时，最津津乐道的就是到瓯江边捡黄蜡石。

“捡黄蜡石不单是一项体力活，而是集眼力、脚力、阅历于一体的技术活儿。”对于人的三个命题，在大多数人还没有弄明白的时候，老吴这个新大港头人已经自创了一套捡黄蜡石的理论：

黄蜡石是什么？

黄蜡石从哪里来？

黄蜡石要到哪里去捡？

由于篇幅限制，前面两个问题，老吴建议去咨询百度百科。枯燥的理论在实战面前还是稍稍逊色。

回到最具有指导意义的话题：黄蜡石要到哪里去捡？“这个里面学问就大了。”简单来说，得具备天时、地利、人和三个要素。

何为天时，老吴认为，捡黄蜡石的最佳时间是刚刚下过雨的时候。为什么？淋过雨的石头，就像刚洗完澡还没穿衣服化妆的女人一样，你一眼就可以分辨美丑。何为地利？“刚下过雨还不行，你得等水位退下以后才能去江里捡。”特别是大雨过后，松阴溪（注意：是松阴溪，不是龙泉溪）上

游的石头被冲下来，这个时候，你只要沿着松阴溪一路过去，总会找到一两块宝贝。人和要求你必须练就一双聚光的眼睛，带好专业的手电、刷子，穿上适合在溪边行走的鞋子……总之，从头到脚全副武装就对了，这可以大大提高捡到黄蜡石的概率。

如果你是晴天来，怎么办？老吴建议：带上一个矿泉水瓶子，对着疑似宝贝的石头浇上一点水（就像浇花一样），它的真面目就展现在你面前啦。

喜欢石头的主儿，不妨安排一次别样的行程——古堰画乡捡石一日游。如果不想顶着烈日傻了吧唧在瓯江边上浪费时间，可以在老街的石头店里挑上几块中意的石头带回去。记住，带现金，不能刷卡。

哪里可以买到黄蜡石？

1.泰和礼品（秋鸣工作室）：江滨路28号，专业石雕工作室，价格几十到几千不等。如果你捡到了不错的原石，可以找老板现场加工，加工费自己去砍。

2.铁皮渡船上：就是那个过河1元/人的渡船。船老大绝对称得上是业余选手中的专业选手。凭借专业的交通工具和多年捡石经验，他捡到了不少宝贝。据说，船老大一年卖石头赚的钱比摆渡多了去。石头十几到几百不等，价格实惠，童叟无欺。

“桃花源”记

癸巳某日，梁溪人赏景为业。缘溪行，羡对岸葱茏。至坪地码头，木舟三两艘，野渡无人，水质清澈，芳草鲜美。游人甚异之。复呼唤，欲渡对岸。村妇应答，摇橹驶来。晃晃悠悠，仿佛微醺般。

至对岸，登台阶。土木墙，参差间。复行数十步，豁然开朗。土地平旷，屋舍俨然，有良田美池桑竹之属。阡陌交通，鸡犬相闻。其中往来种作，男女衣着，朴素亲近。少年老人，并怡然自乐。见客来，皆微笑，问所从来。具答之。邀家中坐，设酒杀鸡作食。邻里听闻客来，咸来问讯。自云此地风水宝地，大溪和松阴溪汇合处，是龙穴焉，遂与外人间隔。呈八仙山麓，又倚山傍水，田畈绵延。闻大都市有雾霾之说，皆叹惋。余人各复延至其家，皆出酒食。停数日，辞去。此中人语云：“携亲朋一起来也！”

说人话：坪地半岛值得一游！

坪地半岛又名七星坳，三面环水，环境十分清幽。岛内渔村，民风纯朴，谷地多种植桃李之木，春花烂漫之时，尤如陶渊明笔下的“桃花源”。

贴士：

去坪地半岛可至大樟树码头包船，根据人数需提前跟船老大商量上下岛时间及费用；也可联系坪地金阿姨13626783935，乘坐蚱蜢船上岛。

悠着点，别喝高了

“悠着点，别喝高了！”
但凡想去保定村走走的客人，
我都会发出这样善意的提醒。

酒

丽水人出了名的爱喝酒，市区有大小酒馆无数。果酒、啤酒、农家自酿米酒到处可以喝到，但要想尝尝刚从土灶头蒸馏而出的白酒，那你得到碧湖保定村去碰碰运气。

瓯江经过通济堰，流速变缓，它流经的第一个村落便是碧湖镇的保定村。村里老房子很多，曲径通幽处，断墙残垣处处可见，在画画人眼里，这个都是极好的素材，而在我的眼里，这样的村落，比起那些所谓城镇化的村落，更真实也更踏实。

保定村曾是元明时期瓯江流域的窑业中心，粮食宽裕年代，差不多家家会酿酒自饮。保定村有专门的曲窖，白酒用酒糟蒸馏而成。现在，村中还保留着古老的酿酒工艺。

村里人梁阿姨，自小便跟着父母学习酿酒，到现在已经三十多年了。**在梁阿姨的眼里，什么茅台啥的，都不如她酿的酒。现在，梁阿姨每年要酿100多斤土酒，大部分自己喝，喜欢的游客可以带点回去解解馋。**

在村里随便溜达，一个转角便会拐进一户酿酒的人家。与其说是运气，还不如说是被酒香吸引。农家的土灶台，伴随着木头烧着的噼噼啪啪的声响，灶头上一口大铁锅里红色的液体翻滚着，锅里木制的大桶上冒着蒸汽，酿好的白酒正通过一根细管从木桶流进土罐子里。如果你是个酒鬼，这个味道绝对可以让你欲罢不能！村里人好客，看见闻香而来的客人，都会热情地邀你品尝。捧着热乎乎的白酒，一口下去，从喉咙到胃里一条线，畅快！

就这么一路走一路喝，一不留神，就喝高了。

大山峰下有个小山村

出了大港头镇喇叭口，沿着盘山公路蜿蜒而上，去寻找一个名叫小山村的地方。

走在由水泥铺建而成的路上，三月的春色已经很浓。抬头便可望见半山腰上怒放的野杜鹃；环顾四周，路旁有零星的桃花；俯瞰山下则是成片的油菜花田；山麓的茶园里偶有忙碌的身影。

过了瀑布，沿小山坑溯流而上，拐上一段石板路，去往小山的古道穿过古色古香的瓦房向远处延伸。古道狭窄，窄处不足一米，宽处也不过2米，是典型的山区行道。在没有修建公路之前，这条古道是村民们上山下山的必经之路。

古道之上，有一处供人歇脚的亭子，当地人称作“小山凉亭”。丽水市地名志载：小山凉亭，位于大港头镇小山村北面，居海拔178米山地，距大港头镇1.7公里。古凉亭为土木结构，墙面用石灰粉刷，内部为木结构梁架。

过了凉亭，再往上走近20分钟，就到了此行的终点站——小山村。

据地名志载，小山村位于大港头南偏东三公里，海拔三百余米。三面崇山环抱，乃山间谷地，小坑穿村，坐落丁山下。西有门前山，北有寨山；《丽水县志》卷三载：“寨山，在县南六十里小山庄，屹立天际，峻峭无……。”唯东面无大山阻挡，俗称少山，村名因之。

原来小山古时称“少山”，因村东面无大山而得名，丽水话“小”与“少”谐音，久而久之村名就成了“小山”。按一村民的说法，小山风水很好，但遗憾的是少了一块山，否则要出皇帝的。

这是一个自然村落，村庄沿小山坑而筑，有小溪流过。村间溪水清澈，土房、碇步、简易木桥等构成了一幅原生态的自然美景。村里盛产白茶，有560亩茶园，每到春季，永康、东阳等地的货运车排着队守候在村口的集市上，以每公斤两百多元的价格收购白茶茶青。

看见我们带着相机，路边一位姓李的老伯招呼我们去他家喝茶，两个饭碗撒上一点茶叶，热水瓶里现成的开水。在这里喝茶，茶具不能有太多的讲究，有机茶叶用大山峰上流下的泉水冲泡，品的是自然原生态味道。

村里有一栋老宅，宅主姓吕，祖上原是国民党大官。宅子因年久失修，已经不复当年的风华。但建筑风格、殿壁回廊仍然保留着华丽而庄严的气氛。村里每一个上年纪的人，对这座老宅都有一段美好的回忆。

春暖花开的季节，小溪旁花红柳绿，村民们在墙根下吃饭、聊天、晒太阳，过着年复一年的小日子。潺潺的流水，这边是经过岁月洗礼的百年老宅，那边是万紫千红的烟火人间，他们就这样和谐地存在了几百年，成为小山村里最亮丽的风景线。

大山峰森林公园

位于莲都区西南，平均海拔高度1000米左右，境内有瓯江支流——峰源溪。森林茂密，森林覆盖率97.3%，是难得的天然氧吧。公园内山峰林立，有草海、丰洋湖、猕猴峡等景点，适合登山爱好者。

“头号小吃”——炒知了

怕的人怕得要死，喜欢的人喜欢得要命，这里说的，就是丽水的“头号小吃”——炒知了。

七月初，刚入夏，丽水的大街小巷、大小菜市场，不停地有人手里提着塑料网兜，叫卖知了。一只只黑乎乎的知了，你无论如何也想不到，它会成为丽水人餐桌上的经典美食。

香酥脆嫩、咸香中又带点辣，听听就能流一地口水。

丽水人做知了很讲究，先要去掉知了的头、尾和翅膀，再用清水稍微清洗一下。

知了最通常的方法是“油炒知了”，主要分三个步骤：一是把知了放入盐水中浸泡一段时间，去腥入味；二是放适当的大蒜、酒、生姜等佐料和知了一起烧煮；三是出锅凉干，放油锅里烹炒，要做到色、香、味俱全，把握火候是油炒知了的关键。如果你喜欢吃一点辣的，就加上些红辣椒，撒上一点葱花，那更是锦上添花，香气四溢。

一盘炒知了，一瓶冰啤酒，在丽水，这就是生活。

夏天到了，知了叫了，去丽水吃炒知了去！

我们这里还有鱼

从此岸到彼岸，

是悠哉悠哉的距离

我的旅行日记

刀耕火种，山里的住户
亲、戚在景宁

抱个“大漈罐”回家

领略过云中大漈的景色后，马不停蹄前往两公里处的潘任根家，这一趟，是去看一种近乎失传的民间工艺——制作大漈罐。

潘任根老人已经80多岁了，他的大漈罐作坊就在自己的“三间房”内，老人的三间房内堆放着各式各样的“大漈罐”。

虽然年纪大了，老人身子板还算结实。眼前的他脚踩着“泥车”转动，等达到一定的速度后，转身从旁边的木板上摘下一团黄泥，熟练地压成“泥饼”，并抓了些土灰放在“泥车”中间，放上“泥饼”，从一边的水桶里蘸了点水，两个拇指按在随着“泥车”转动的“泥饼”中间，转眼间，一团黄泥在他手里变成了一个精美的“火笼罐”。

大漈乡历来盛行生产陶罐，俗称“大漈罐”，是粘土制作的一种普通陶器。自北宋庆历八年大漈先祖迁移到大漈，这里就开始生产大漈罐了。大漈罐是运用大漈高山盆地下特有的粘土矿物——白善泥制作的一种传统手工产品，以药罐、油盐罐、储物罐、饭钵之类日用品为主。

以前，大漈乡每村每户都会制作“大漈罐”，产销分工明确，明清时曾销往庆元、文成、泰顺、寿宁等地，成为当地有名的手工艺和经济来源。

潘任根老人制作大漈罐已有60多年了。随着岁月的流逝和社会的发展，如今会制作大漈罐的人已经越来越少，而潘任根却选择了坚守，对于陪伴了他几十年岁月的大漈罐，他心里有了一种深深的情结抛不开。

在他的家里，楼上楼下堆满了成品和半成品，他说，尽管小辈们总想接他进城一起生活，但他一直舍不得离开家，离开熟悉的陶罐，所以他坚持一个人生活，一切农活自己干，上山砍柴、种菜、做饭等，身板硬朗的他依旧得心应手。

大漈罐上面几乎都没上釉，很难用画笔去描摹，我知道，它始于自然生成的艺术。站在旧旧的棚架下面，被排列在土房里的一只只形态独异的土罐所包围，感到一股情绪涌动着，塞住了喉头。

一摞摞土罐盛着山野的空气，沐着山野的空气，也还盛着老人家的一个希望。大漈罐对于普通

人的生活来说不过是一件平凡的器皿，没有故事没有情节，可对老人家就不同。

“现在我们这里游客越来越多，很多人都喜欢我做的陶罐，还有客人专门预订小茶壶之类的当摆设。现在还有这么多人喜欢大漈罐，我高兴呢，做着也不觉得累。”开朗乐观的潘任根笑着说。

在老人家的三间房里徜徉，我问能否买一个大漈罐回去，老人家很爽快地答应了。老人说，回家后最好用大漈罐煮一次糯米粥，这样，以后就不会渗水了。

在大漈，上了年纪的老人都会把赤皮稻的米，放在当地出产的“大漈罐”里熬制米汤。撮一口红米粥，黏稠香糯，回味绵长，这种简单的快乐，让人神往。

现在，这把大漈罐茶壶就放在我的博古架上很显眼的位置上，舍不得用它煮粥，甚至舍不得抚摸，总觉得，这是比古董更有价值的东西，每天看看，就会想到这个叫云中大漈的地方，有这样的风景，有这样的一位老人。

云中大漈

位于浙江省景宁县中南部，在海拔1030米的中高山盆地内，年平均气温13℃，境内丘峦多姿，田园村落景致宜人，四周群山环绕，烟雾弥漫，被誉为“云中桃园”。

门票：

成人票80元，1.2-1.4米儿童、70岁以上老人持老年证20元/人，1.2米以下免票。所有景区一票通，时思寺检票。

自驾线路：

1.上海杭州出发：杭金衢高速至金华转金丽温高速，到丽水转丽龙高速，至云和后转云景高速在景宁出口下，过景宁50公里即到大漈。

2.宁波出发：甬金高速至金华转金丽温高速，到丽水转丽龙高速，至云和后转云景高速在景宁出口下，过景宁50公里即到大漈。

3.温州出发：金丽温高速到丽水转丽龙高速，至云和后转云景高速在景宁出口下，过景宁50公里即到大漈。

公共交通：

大巴车到景宁汽车站，转到大际（大漈）的班车，发车时间为：08：10、12：10、14：10。

住宿：

景宁县城宾馆标间一般两百元左右，大漈乡的消费更便宜一些。在雪花漈旁边的雪花山庄，标间每间为25元到50元不等。一般乡上农民开的旅馆，也有10元到15元一间的，乡政府开的大漈宾馆，标间为每间100元。

贴士：

1.除东坑镇中国石化加油站能提供标号汽油外，其它景区景点及各乡镇均未建立加油站，务必在县城加足燃油后再前往。

2.枯水季节，雪花漈会定时放水，每天上午十点和下午的四点。

金牌老驴之路——炉西峡

玩户外的圈子里有一句传言：“不走炉西峡，不算金牌老驴。”

在驴友的行列里，我绝称不上老驴，但对景宁炉西峡的印象却是异常深刻，原因是优美绝伦的炉西峡有着刚柔并济的两张面孔，一张是温柔的脸，一张是严肃的脸。

先说温柔的一面。炉西峡位于浙江省景宁畲族自治县，峡谷幽长，几十里路荒无人烟。它对于驴友们的吸引力从大家给它的一个别名就看出来了——“炉嬉峡”，取这个名字的驴友大概都看到了炉西峡温柔的一面了。

那一天，我们是沿着一条小小的机耕路向下行走的，机耕路也走到了尽头的时候，我们拐进了一条山间小道，在这里已经可以眺望到峡谷了。两侧是高高的山林，植被已渐趋茂盛，隐约见到碧绿的溪水穿越在岩石中，就这样安静的流淌着。这时候，只有把注意力集中到了脚下，才会感觉身上的背包少了许多份量。

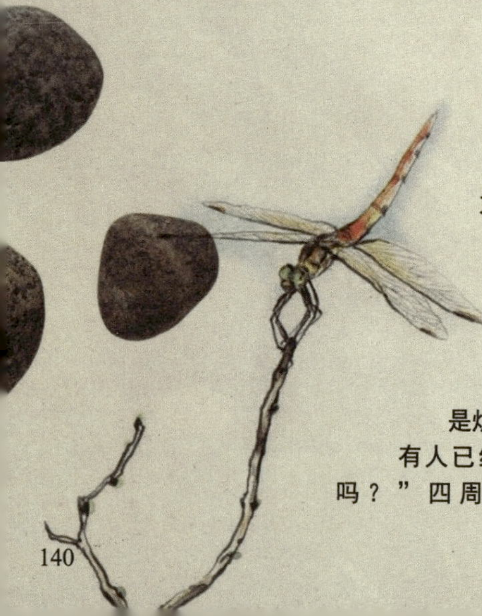

转过一个弯，顿觉一种“柳暗花明又一村”的明亮。这是一处较宽畅的峡谷，向四周眺望，远处重峦叠嶂，近处峡谷清溪，这就是炉西峡了。

有人已经忍不住大声地叫出声来：“喂，你好吗？”四周立即回荡着：“你好吗……你好

吗……”，那种感觉真是好极了。

峡谷里并没有路，我们在溪边岩石间穿行，两岸风光旖旎，每前行百步，只要抬头一望，就会发现山形在变，有的陡险，有的舒缓，时而见山梁，时而见沟壑。

山岭一片苍翠，虽说都是绿色，而那绿色也是不同的，落叶植物刚长出的嫩绿是一种极翠的颜色，青嫩得仿佛永远也不会老去，而常绿植物的绿又是墨绿的那种，绿得仿佛要变成黑色。峡谷中的巨石，经溪水长年的洗礼，呈现出各式各样的姿态，让

人不得不惊叹自然的造化，这才是自然的颜色啊——我们心目中原乡的色彩。

那一天，我们只知道行进行进，在风光如画的峡谷中一路穿行，溯溪、搭桥、攀岩、过山路……

晚上，我们是在一片空旷的沙滩上宿营的，四周的高山把峡谷中难得的这一块空旷之地包围在其中，显得格外安宁。

清晨起来，山里的空气好像冰凉的薄荷，沁人心脾。

这一趟，除了辛苦，剩下的都是炉西峡的温柔。很多时间，炉西峡展现给驴友们的是温柔的一面，但是，它要发起脾气来的时候，你挡也挡不住。

炉西峡的脾气发作一般都是雨季，吸饱了水分的山体，只要再飘一点雨，防不胜防的“贼水”就会汹涌而出。“贼水”是当地百姓对这种情形的形象描述。

对于炉西峡，有一位驴友大力哥最有发言权。他说：“炉西峡地形气候多变，征服它需要训练有素。”

大力哥黝黑高大，声如洪钟，显得孔武有力。从2002年至今，大力哥已经200多次徒步穿越炉西峡，被人称为熟悉炉西峡的“一哥”，是一位真正的金牌驴友。

几乎没有驴友知道大力哥的真名，他也从来不向外界透露真名。“叫我大力哥就好，叫顺口了，一般人提到炉西峡就会想到我。”

当过兵的大力哥一直对户外运动情有独钟，他有多项纪录在景宁无人能破：骑车去西藏，骑车去北京……2002年，他和14位驴友又成为探寻炉西峡的首批客人。

40多公里的峡谷，到处是潺潺溪流，到处是不知名的小动物，好看的野花。大力哥之前也走过不少名山大川，但没有哪一处让他“如此震撼”。

从此大力哥在工作之余当起了穿越炉西峡驴友的领队，200多次的徒步穿越让大力哥熟谙炉西峡的秉性。“炉西峡刚柔相济，这么跟你讲吧，它柔的时候，小溪潺潺，鸟语花香，绝对是世外桃源，真当让人心醉。洪水泛滥时，水倾泻而下，它又确实能吃人。”

2003年9月的一次徒步穿越留在大力哥脑海中的景象是恐怖的。当天已经黑下去的时候下起了暴雨，山洪倾泻而下。作为领队的大力哥迅速安排驴友找空地暂歇，熟悉水性的他趟着齐胸的洪水找路，最终让驴友安全走出炉西峡。“我是训练有素的，也熟悉炉西峡的每条通道，一般人切不可贸然在水里行走，会被冲走的。”

大力哥每次都能让驴友毫发无伤地走出炉西峡，他的名声在驴友中有口皆碑。

穿越美丽的驴西峡，新驴需要经验丰富的老驴带着，这是忠告。

炉西峡（炉西坑）：位于浙江景宁县东南部，属瓯江小溪支流，全长45公里，发源于景宁梅岐乡绿桐溪、东坑镇茗源溪、鹤溪镇王木坑溪。三条支流于桂远村汇合后，折北经文成县周山村，流经渤海镇林圩、门潭，于九龙乡炉西坑口注入瓯江支流小溪。其中梅岐下庄至渤海门潭20公里河段峡谷，山峰奇秀，沟壑纵横，两岸山峦蜿蜒叠翠，原始林木奇俊秀丽，生态环境原始自然，自然景色极其优美。素有“华山之险峻，黄山之大气，三峡之蜿蜒”之称，有“华东第一大峡谷”之誉。

徒步攻略：

D1：早上7点左右从景宁出发，坐车1小时左右到达郑坑羊角岗；（也可从景宁--梅岐乡潘坪开始徒步到桂远，景宁--梅岐乡潘坪车程1小时20分左右）从羊角岗开始徒步到桂远村（徒步2小时左右到达）；可选择到桂远村农家用餐，餐费每人8元，桂远到扎营点大沙滩大约要徒步3-4小时左右，晚餐自备。羊角岗--营地里程10.4公里左右。

D2：早上7点起床，自备早餐，8点从营地出发开始徒步前往坑口，营地到坑口里程8公里左右，估计中午12点左右可到达坑口，（坑口村已全部移民，现在说的坑口只留下几个简易棚）坑口有一小杂货店，开轮渡船员就住在坑口，到坑口后要先和轮渡船员取得联系，轮渡到温州辽大桥库区公路，大约需要40分钟（轮渡承载人数核定30人）。温州辽大桥 到景宁大约50-60分钟左右车程。

参考线路：

景宁县渤海镇—郑坑—羊角岗村—南排村—桂远村—林圩村—炉西坑渡口，郑坑到桂远20公里，桂远到林圩村25公里。

当地向导：在徒步过程中，如有需要可以联系当地熟悉炉西峡的山路与水路的向导；

郑坑村民向导：陈必平，联系号码：13666562491；

桂远村民向导：

杨振聪，联系号码：15990898647；

季正满，联系号码：13957069395（季向导目前居住地就在景宁县城，他可从景宁与驴队一同出发）；

邱志叶：联系号码：15857839243（目前居住景宁县城，他可从景宁与驴队一同出发）。

贴士：

由于炉西峡的特殊地形特征，每有大雨炉西峡总会发生山洪。除了穿登山鞋以外，最好再准备一双溯溪鞋。

桂远村吃饭的农家有二家：

1. 杨振聪：电话0578－5838459；手机：15990898647；
2. 罗培香（此处可供驴友膳食或借宿），联系号码：15057890297。

我的旅行日记

畲族歌王蓝大妈

茶米种在黄泥背，上春三月叶盖盖；
上春三月娘去采，采了一篮转回来。
茶米种在黄泥山，上春三月叶青青；
上春三月娘去采，采了一篮转回行。
茶米种在黄泥里，上春三月叶细细；
上春三月娘去采，采了一篮转回去。

——畲族民歌《采茶歌》

听阿娘唱歌，是一种享受。

这里说的阿娘，就是景宁家喻户晓的畲族歌王蓝陈契。畲族称母亲为阿娘，蓝大妈不跟我们见外，我们便喊她作“阿娘”。

去采访阿娘时，她刚午睡出来，听说要采访她唱山歌，便连连摇手，带着歉意说：“近日喉咙有点哑，你们大老远来采访，我如果唱不好，反叫大家失望。”她怕我们不信，便主动告说原因，前一段时间，因为一直在参加县里文艺表演的排练，劳累过度，因此嗓子有点哑了。

阿娘没唱歌，但我们的话题最终还是落到唱山歌上。

“您是怎么唱起山歌来的？”我问。

“跟阿娘学的。小时候没得

吃，躺在阿娘怀里饿得哭。阿娘就说，泼尼崽不要哭（泼尼崽是畲语，小姑娘的意思），阿娘教你唱山歌。”童年的蓝大妈，每每就这样在阿娘的歌声里，进入甜美梦乡。

“还记得阿娘教您的歌词吗？”

“记得，记得。”

我请蓝大妈念一下歌词，以便记录。她却一时语塞。原来，这位山歌大王用歌声吟唱，竟比说话念白更加流畅。

为了让我记录阿娘教的歌词，蓝大妈似乎忘了嗓子的不适，自顾自地轻声哼唱起来。歌声细幽，仿佛是屋外的无尽山野，春雨初歇，雨珠新叶上，拂过轻风的淡淡脆响。

蓝大妈唱的是畲语，唱过后，她就能把歌词用汉语念出来了。歌词是这样的：

好歌要学好几首，
出门无须长辈教；
洗脸不要几多水，
好歌不要几多句。

阿娘轻声哼唱儿时学的歌后，引得我们齐齐叫好。她一时也就来了兴致，又连着为大家唱了好几首。尽管我们听不懂歌词，不过单单那婉转的假嗓，动听的曲调，就足以让人沉醉其中。

最让阿娘自豪的，是她山歌唱出国门的经历。

1994年，57岁的蓝陈契作为我国两位民歌手之一，参加了日本福井环太平洋艺术节，表演织彩带和唱山歌。没上过舞台的她，一口气连唱5首畲族民歌。一曲唱罢，便引得如潮掌声；第二首唱完，掌声更烈。就这样，她连唱5首，不仅让与会的众多艺术家领略了中国畲乡的艺术魄力，还赢得了畲族歌王的美名。

采访最后，我们请阿娘拍几张照。她让我们等一等，马上返身进房，从屋里捧出一只小木箱。一边打开，一边说：这是她阿娘的阿娘的阿娘留下的，传到她手上，已是第4代了。

小木箱里放的，是一大串银质的凤冠首饰。

她坐到一张小桌前，支起一架台镜，先反复调整镜子的高度和角度，一切弄满意了，才对镜细细梳理已经稀疏和花白的头发。梳齐头发，老人拿出一条三四尺长的黑色头巾，从前额束向脑后。扎好，又反复对镜，仔细修饰调整头巾的上下位置。看得出，老人是个追求完美的人。一切停当，她才从小木盒里取出那架传了4代的银头饰，一边梳戴上头，一边解说头饰上蕴含的畲族先人的智慧。她摩挲着一串由粉红和黑色串连起来的珍珠说："你们数一下，一串共12节，代表一年是12个月；这样的珠链子在头饰上有两串，合一起，正好代表一年有24个节气。"

整个下午，我们在这位畲族歌王古朴自然、清新活泼、充满山林风味的歌声里，陶然若醉。

蓝大妈，蓝陈契（蓝陈启），1938年出生，浙江省景宁县鹤溪镇双后岗村人，人们尊称的畲族歌王。

畲族没有自己的文字，却有独特的语言。畲先民为了让自己的语言更生动、更活泼和更长久，选择了唱畲歌的方式，来承载、升华这种独特的语言。畲歌不仅是一种娱乐形式，更作为一种历史的、文化的精神传承和名族记忆。最为普遍传唱的是长篇叙事《高皇歌》（亦称《盘瓠王歌》）。

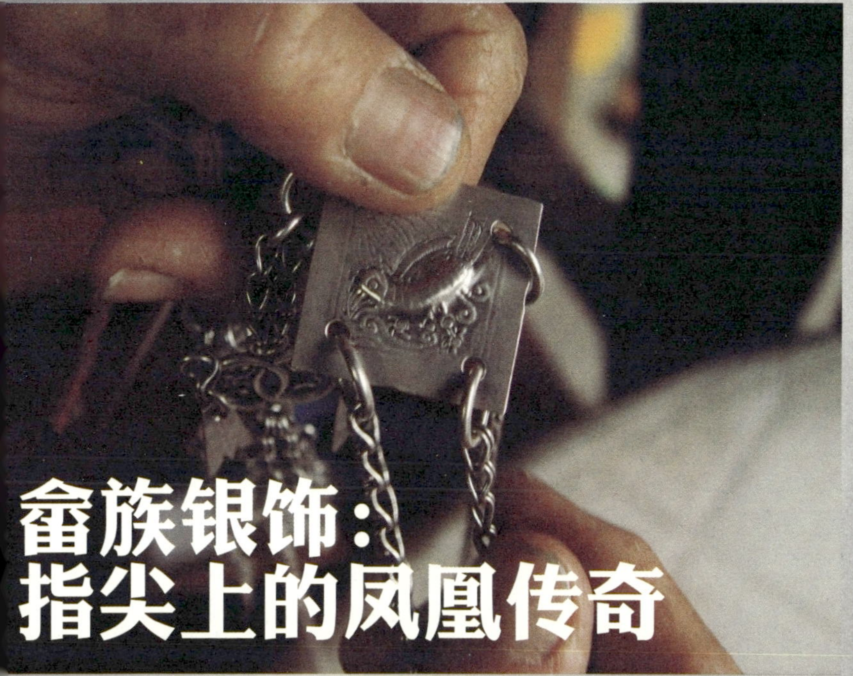

畲族银饰：指尖上的凤凰传奇

浙南闽北地区是古代重要的产银区，在丽水，有很多已经废弃的银矿分布在各地，景宁的渤海镇就曾经是一个规模很大的产银区。

景宁是畲族集聚区，畲民对银饰有着超乎寻常的热爱。传说，畲族始祖盘瓠与三公主成亲时，高辛帝后赐给女儿三公主一顶非常美丽的凤冠和一件精美绝伦的凤凰装当嫁衣，意喻着女儿像凤凰鸟一样，生活吉祥如意。

和畲族的凤凰装一样，畲族银饰造型也是多种多样，丰富多彩。有将相勇士，也有才子佳人，有花鸟竹林、蜂蝶虫虾，也有龙凤祥兽，等等。它反映了畲族人民的经济文化生活和勤劳勇敢性格，也显示了畲族人民的聪明才智和艺术天赋。

第一次接触畲族银饰是那一次拜访歌王蓝大妈，当她从箱子里取出的凤冠的瞬间，那花纹精细大方，那图案生动活泼，银晃晃的煞是勾魂，让人赞叹当年制作这银饰工匠的聪慧。于是，那一次就在脑海中埋下伏笔，有机会一定要看看，这美丽的银饰是如何打造出来的。

机会总是给予有缘人，在景宁转了一圈，在朋友的引荐下，终于见到了一位老银匠，老银匠叫陈家郁，英川镇人，是一名世代相传的老银匠，掌握畲族头饰制作技艺有六十年，景宁第一批县级非物质文化遗产代表性传承人。

见到他时，他正在首饰上专注地雕刻图案。每次下刀，陈家郁都是小心翼翼，他说，每件银器都代表了他，也代表了他们陈家几百年的技艺。他拿出一个六丝镯给我们看，说每件从他们这儿出去的银器和银饰品都会有“玉山”的标志，他家的“‘玉山号’银器铺”在祖辈时曾名扬景宁、云和、龙泉等地。

陈家郁的祖祖辈辈都从事银器制作，受祖辈的熏陶，他对叮叮当当的敲银声与生俱来就有一种喜爱。12岁的陈家郁正式开始跟随父亲学习银器制作的基本功，还时常挑着银器走家串户卖。学习银器制作技艺是一个磨练身心的过程，完成一件好的银器往往需要很长的工时，有时是几天，有时甚至要几个月。作为银器制作艺人不仅需要有能够坚持长时间打磨、雕刻的臂力，还需要有耐得住寂寞的心。小小的陈家郁就这样开始了他的“艺人”生涯。

在1958年大跃进运动中，陈家银器铺的工具全部被没收，陈家父子只能放下手中的凿刀，另谋出路。直至1976年，陈家父子才从村委会拿回自己的工具，可以再次堂堂正正地重操旧业，这对陈家郁来说意义重大。他在制作传统银器的同时，也开始尝试设计银饰品的新款式、新图案，受到了许多人的喜爱，他的名气也随之越来越大。

陈家郁老人说，一件银饰品要经过很多工序，先把白银放在熔炉里高温熔炼，随后将银水倒入模型压成粗制品，这其中包括配料、溶银、倒条、打型、切料、压模、粗加工（有锤錾、錾刻、錾镂等工艺）等多道工序。又有手工加工成各种大小不同的银珠和银丝，还融入花丝工艺和镶嵌、点翠或珐琅工艺，再进一步精心雕刻成各种形象生动的银饰艺术品。

现在景宁做银饰的工匠少之又少，陈家郁担心很多年后这样的纯手工制作银饰的工艺会失传，所幸的是，他的儿子、女儿愿意在工作时间之余跟随他学习技艺，总算不至于让这门手艺在他手上失传。

把根留住
亲，我在缙云

去缙云仙都
寻找大自然的“舍利子”

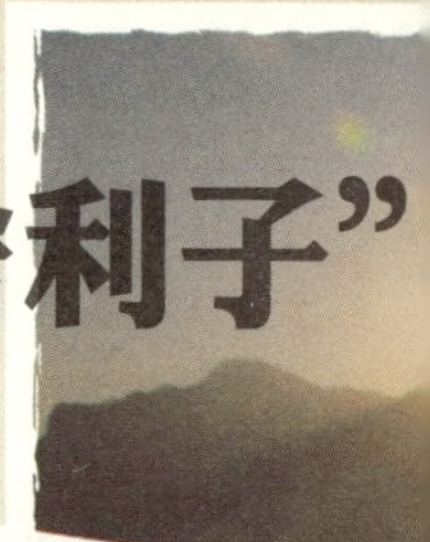

舍利子，是梵语音译词，意为有道行的高僧遗体火化后结成的珠状物。有的舍利子硬度极高，用铁锤敲打而锤砧俱损，舍利子却依然无恙。据说，不同色彩的舍利子也有不同含义。舍利常被视为修行有成就的象征，也是信徒们顶礼膜拜的圣物……

舍利子，是火淬炼的产物。

在大自然中，经过火的洗礼，也存在着这样的舍利子……

浙江，丽水，缙云。

在鼎湖峰，缆车上去，那是仙都景区的最高峰。再往前走，顺坡而下，穿过一个石门，再扶着把手，登天梯般地往上走，左拐右拐，终于来到了一个小小的平台。

这时候，请你抬头……

那是峭壁。初看，这像是竖着的镶嵌在山体上的一个巨大的已经剖开的“海蚌”，附在“蚌壁”上的，是一个个圆球，大的如圆桌，小的篮球般，大大小小，找不到规律，这大珠小珠，它们簇拥在一起，亿万年了，一直是这样……

听缙云的朋友说，以前，曾经有好事村民把石球割开，发现里面是空心的，而附在内壁上的物质是各色结晶体，在阳光的照耀下，熠熠生光，甚是好看。至

于说这是什么物质，当地农民说不上来。

直到有一天，懂行的专家来了，得出了这样的结论，球体内熠熠发光的物质，是天然的水晶、玛瑙……

从此，人们才恍然大悟，原来，在缙云，这沉寂了亿万年的火山口，大自然竟然留下了地理构造奇观的同时，还留下了这样美丽珍贵的“舍利子”……

“蚌壳”，其实，就是一个当年喷发的火山口，地底下的岩浆在高温下喷涌而出，冷却后，曾经就被人们认为是一座普通的火山口，直到有一天火山口塌陷，人们惊讶地看到了火山口的剖面。剖面上，挂着一个个球体，而里面，竟然包裹着的是天然的水晶、玛瑙……

地质专家认为，缙云仙都的火山石球为全国最大的火山石球。这些火山球是一亿多年前恐龙时代在火山井里形成的。大的火山球有上吨重，小的像豆子一样。

缙云，开启一场寻宝之旅。

缙云仙都位于丽水市缙云县城东7公里处，是一处以峰岩奇绝、山水神秀为景观特色，融田园风光为一体的国家重点风景名胜区。境内九曲练溪、十里画廊、山水飘逸、云雾缭绕。有奇峰一百六、异洞二十七，有“桂林之秀、黄山之奇、华山之险”的美誉。

仙都风景名胜区由仙都、黄龙、岩门、大洋四大景区组成，有鼎湖峰、倪翁洞、小赤壁、芙蓉峡、黄帝祠宇等三百多个景点，总面积为166.2平方公里。其中，鼎湖峰，状如春笋，直刺云天，高170.8米，是世界最高大柱石。相传中华民族始祖轩辕黄帝在此架鼎炼丹，跨龙升天时，鼎塌成湖，故称“鼎湖”。

门票：

成人票130元，包含鼎湖峰、倪翁洞、小赤壁、芙蓉峡、朱潭山、赵侯祠景点。

自驾线路：

1.上海、杭州方向：沪杭高速转杭金衢高速到金华转金丽温高速，缙云出口下，往缙云方向走330国道，顺着棕色的仙都景区指示可到达。
2.宁波方向：甬金高速至金华转金丽温高速，缙云出口下，往缙云方向走330国道，顺着棕色的仙都景区指示可到达。
3.温州方向：金丽温高速缙云出口下，往缙云方向走330国道，顺着棕色的仙都景区指示可到达。

公共交通：

从上海到浙江仙都可坐火车到缙云火车站。出站走近200米到三叉路口，向右转是去县城，一直往下是往鼎湖峰。在此地可乘过路车到鼎湖峰，不用到县城。出站后也可直接雇面包车（20元）到鼎湖峰。

到鼎湖峰方向的车很多，十几分钟就有一辆。也可乘到壶镇的车，但在鼎湖峰前面的岔路口就要下车，往里还要走一段路。所以最好乘到铁城（芙蓉峡）的中巴，先到铁城或先到鼎湖峰下车均可。到铁城是3.5元，到鼎湖峰2元。在景区可花40元左右（淡季价）包一辆残疾车玩一天。

缙云轩辕黄帝祭典

在缙云民间，流传着这样一个传说，缙云仙都鼎湖峰是黄帝炼丹觞百神的飞升之地，而缙云的百姓，也一直都有清明祭黄帝的传统。据史料记载，祭祀黄帝的传统可追溯到西汉，汉代在缙云就已有了封禅仪典。

北宋《太平御览》引汉郭宪《洞冥记》云："太初三年（即公元前102）东方朔从西那汗国还汉，得风声木十枚九尺，大如指，真可爱。缙云封禅之时，许贡其木为车辇之用……缙云之世，此树生于河阁间也"。古代天子封禅、江南一带的人们祭拜黄帝都在仙都苍龙峡口的鼎湖峰脚下。

1998年，"黄帝祠宇"得以重修，缙云恢复了黄帝祭典的传统，仙都成为南方祭祀轩辕氏的唯一场所。每年有两祭，分为重阳公祭和清明民祭。至此，作为南方黄帝文化的中心，缙云仙都与陕西的黄帝陵形成了"北陵南祠"的格局。

画龙点睛闹花灯

缙云人把正月十五称作正月半，从上古以来人们就形成闹月半或闹元宵的传统。初一刚过，大家就兴高采烈，忙着操办元宵节闹花灯的各项准备工作。

闹元宵的主角就是板龙。一条板龙由龙头、龙身、龙尾组成，长的300多节，短的也有100多节，每节2人扛，龙头要16人抬着。板龙一般以1丈2尺长、18公分宽、8公分厚的龙板为一节，用上等松木做成；龙壳采用上等的毛竹，劈成很细很薄的条子，用贮麻扎好，糊上透明的纸，最后请有相当水平的美术艺人上彩，并由德高望重的老者画龙点睛后，才可上灯起龙。

画龙，是在一个深深的宅院里，用竹子做成的龙骨已经成型了，上面糊上了一层薄薄的纸，男的女的很多人，或站着，或蹲着，每个人手上端着颜料，正在涂着“龙鳞”，一位老人嘴上叼着烟，边画边讲，他们这里已经有十年没有画龙了，这门祖传的技艺早就让他心里痒痒了。忽然想起“画龙点睛”的成语，问老人，如何点睛，老人说，这是要经过一番仪式的，“龙的眼睛”是用鸡冠的血点上去的。

正月十二正式开迎，每天从下午3点出发，晚12点后返回，到正月十六晚上结束。闹花灯结束之后，要将龙撕碎，把龙板归房以待明年重用。

官店村：
放飞一盏春天的孔明灯

缙云，五云镇官店村，在这里，我放飞了一盏春天的孔明灯……很久以前我就曾经想，燃放一只孔明灯，在月光皎洁的夜里，必须有着繁星点点，借着璀璨的光亮，送它一路向天去。

我不知道它是否可以许愿。然而我还会双手合十，因为它承载着一种期望。这盏孔明灯很普通，非国色非天香，只是一个简单的梦想，所不同的是，当看到在夜空闪烁的孔明灯逐渐远去的时候，我想，谁都愿意梦想成真吧。

和官店村的村书记杨伟杰认识，要归功于一个叫潜春松的老板，缙云知名的餐饮点三松农家大院就是他的店，三松大院其实原来就是一处大宅院，如今经过改造，成为一个古色古香的餐饮场所，一般缙云人只要是来了外地客，想感受下缙云当地的农家风味，三松大院都会成为首选。那天中午我就在三松农家大院用餐，果然名不虚传，菜肴做得很有特色。

潜春松说要带我去一个地方看看，左拐右拐，我发现，这里竟然有着一个深藏不露的“豪宅”。

一座古戏台就这样安详地端坐着，像一位年长的老人，诉说着恒久的故事，戏台上，几乎已经扎好的“龙”安静地待在那儿，等待着元宵节那几天舞龙的热闹。

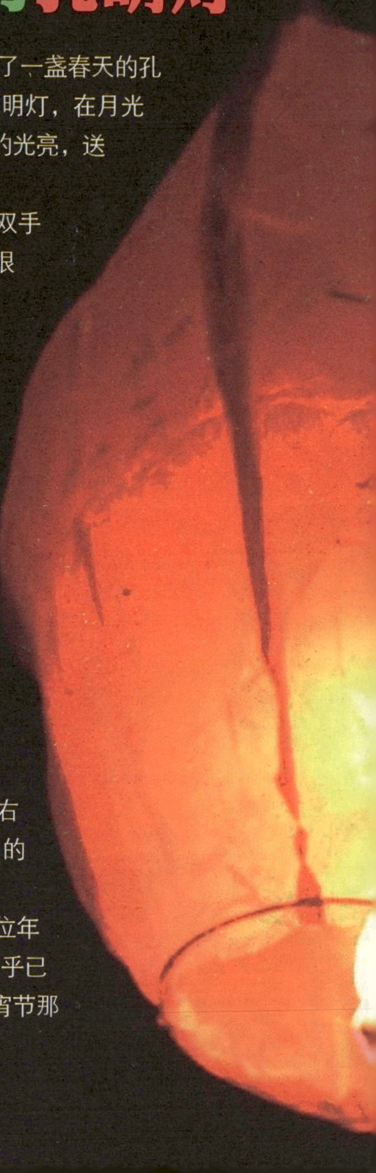

戏台下，很多村民都在洗菜捡菜，潜春松说，这些都是在为晚上准备的，这里将有一场免费的夜宵，为联欢晚会的演员准备、包括观众，只要你愿意，任何人在此吃夜宵都是免费的，这是村里每家每户凑份子买的菜。更让我惊讶的是，他说，每年，这里的各类演出都达到上百场，而今晚，因为是周边三个村的节目都来了，潜总热情邀请我到晚上看他们的联欢晚会，晚会后一起在这个大宅子里品尝一顿免费夜宵。

没有理由拒绝，当晚上坐到村里的礼堂里时，我知道，这一趟是不虚此行了，儿童、少年、青年、年长的村民都可以成为台上的演员，正因为台上台下都是相互熟悉的父老乡亲，所以，不论什么样的节目，都会引得满堂喝彩。

趁着演出的间隙，我去外面透透空气。其实，这里常年的演出让整个一条街已经变成了一个热闹的集市，小吃摊、小杂货摊依次排列，和传统的摊贩不同，他们并不吆喝，因为，会堂里传出的演出节目的声音早已经够精彩了……

孔明灯吸引了很多人的眼光，包括我。

孔明灯又叫天灯，相传是由三国时的诸葛孔明所发明。现代人放孔明灯多作为祈福之用。男女老少亲手写下祝福的心愿，象征丰收成功，幸福年年。

于是，买了一盏，写上自己心里的祝愿，在懂行人的指点下，点燃，起飞，抬头注目，直到越来越高，成为夜空中一个闪亮的点……

河阳古民

再见朱勇华，是在好几年以后了，说实在的，如果没有他，对河阳古民居的那趟拜访，肯定会逊色不少，可以这样说，对河阳古民居的记忆，除了照片的影像，记忆犹新的，就是朱勇华那绘声绘色、深入浅出的讲解了。

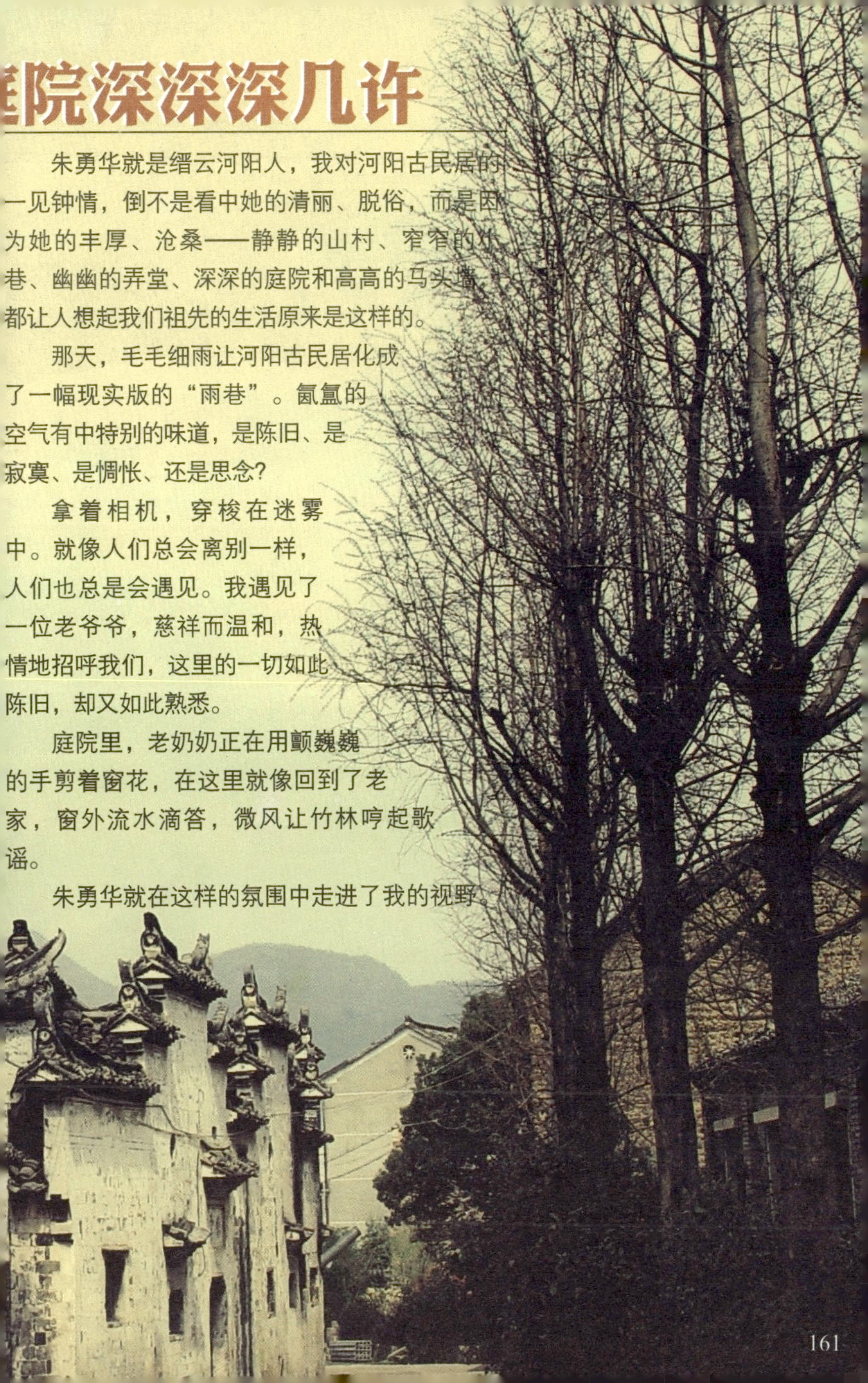

庭院深深深几许

朱勇华就是缙云河阳人，我对河阳古民居的一见钟情，倒不是看中她的清丽、脱俗，而是因为她的丰厚、沧桑——静静的山村、窄窄的小巷、幽幽的弄堂、深深的庭院和高高的马头墙，都让人想起我们祖先的生活原来是这样的。

那天，毛毛细雨让河阳古民居化成了一幅现实版的“雨巷”。氤氲的空气有中特别的味道，是陈旧、是寂寞、是惆怅、还是思念?

拿着相机，穿梭在迷雾中。就像人们总会离别一样，人们也总是会遇见。我遇见了一位老爷爷，慈祥而温和，热情地招呼我们，这里的一切如此陈旧，却又如此熟悉。

庭院里，老奶奶正在用颤巍巍的手剪着窗花，在这里就像回到了老家，窗外流水滴答，微风让竹林哼起歌谣。

朱勇华就在这样的氛围中走进了我的视野。

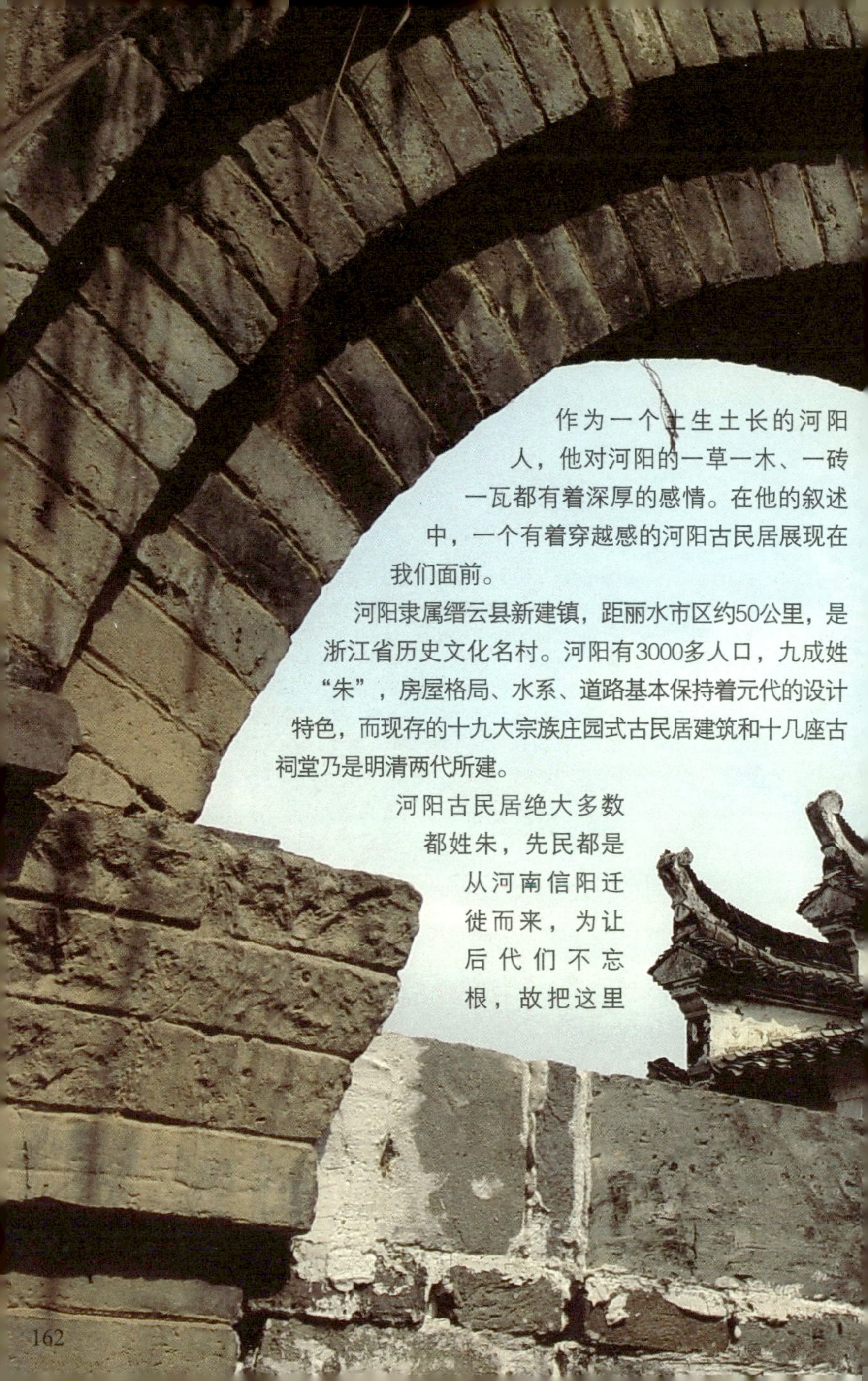

作为一个土生土长的河阳人，他对河阳的一草一木、一砖一瓦都有着深厚的感情。在他的叙述中，一个有着穿越感的河阳古民居展现在我们面前。

河阳隶属缙云县新建镇，距丽水市区约50公里，是浙江省历史文化名村。河阳有3000多人口，九成姓“朱”，房屋格局、水系、道路基本保持着元代的设计特色，而现存的十九大宗族庄园式古民居建筑和十几座古祠堂乃是明清两代所建。

河阳古民居绝大多数都姓朱，先民都是从河南信阳迁徙而来，为让后代们不忘根，故把这里

命名为“河阳”。千百年来，朱氏一脉在河阳繁衍生息，勤耕苦读，渐渐繁衍出一个望门大族：在宋绍圣元年以后的250年里，先后中了8位进士。为纪念8位进士，树立河阳人勤耕苦读的标杆，朱氏后代在村口建起了宏伟高大的“八士门”。

“八士门”街是河阳村的中轴线。街两旁的店面虽然外貌简朴，却是清一色的排门式，一家挨着一家，各自经营着馄饨、拉面、烤红薯，等等。一路走过，那浓浓的香味便会唤醒舌尖的味蕾。特别是刚出炉的烧饼，油而不腻、皮薄馅多，咸淡适中，香味扑鼻，是缙云的一大名点。

不过，行走在150余米长的“八士门”街，能勾起人们记忆的，远不止这些可心的小吃。

朱勇华指着一枚大大的鹅卵石砌成的“铜钱”问我：“千年以前，还没有天气预报，朱氏家族却能用这枚‘铜钱’预报天气，你知道其中的奥妙吗？”低头凝视，只见这枚“铜钱”缺了一角，那些纹理是用一块块砖头分隔开来的，其他别无异样。

看我默不作声，朱勇华不无自豪地说："砖头浸过盐卤水，而盐水有吸潮作用，若久晴转阴，空气中水分增加，地上的这几条砖道就会潮湿。还有，这枚铜钱不完整，缺角的'铜钱'进门了，寓意'招财进宝'。"是啊，这是河阳祖先的生活智慧，也是中国文化的缩影：含蓄，委婉。倘若在家门中用鹅卵石直接拼出"招财进宝"，岂不是俗不可耐吗？

河阳人不仅智慧，也很艺术，这些，从那老宅子的精雕细刻中可以看到，在一条古巷的圆洞门额上，有一条杜撰象形字的横批：第一个字，牛下有田，意为"耕"；第二个字，口下有心，心口合一是为"读"；第三个字，房中有人，谓之"家"；第四个，飘动的云，读作"风"。这4个字是很艺术的杜撰，但无不把汉字的象形、会意、形声功能都表露了出来。我们为古人生活育人的智慧感到震撼。

朱勇华现在不经常在河阳古民居做导游了，他去了丽水，给更多的游客讲解大丽水的美，这对于来河阳古民居的游客来说会是一种遗憾。

我不知道，下一次去河阳，在古民居深邃的庭院里，会不会再次遇见朱勇华。

河阳古民居：

- 位于缙云县新建镇，距仙都和缙云县城均为16公里，距金丽温高速公路缙云出口17公里，距330国道外堰站6公里。
- 村内烟灶八百，人口三千有余，94%人口为义阳朱氏。宋元两代曾出八位进士，形成"义阳诗派"。现存的一溪两坑之水系、一街五巷的村庄布局乃元代设计。
- 现存十大宗族庄园式古民居建筑群及十多座朱氏古祠堂，乃明清两朝所建，是宗族庄园式古民居建筑群。
- 村中三教合一的宋代古刹"福昌寺"，元代的"八士门"及"八士门"前明太祖朱元璋御赐的石"稀罕"，古代的大桥、农具、家具、壁画、诗句、匾额、雕刻，还有堪称中国民间艺术一绝的河阳窗花剪纸，以及历代农民义军的遗迹，古色古香的民俗活动，构成了江南罕见的千年文化古村。

我的旅行日记

阳弄：红豆杉下的千年老村

有人说这是最后的江南山村，我没有异议，有人说这个村可以用来怀念，就怕失去最后的记忆，我也没有异议，唯一让我产生疑问的，是这个村子的原汁原味还能保存多少年。

第一次听说阳弄村，是缙云的一个朋友告诉我的，听他绘声绘色地讲这个村落的美，就产生马上要去看一看的冲动，这一趟，阳弄就像一枚古老的印章，刻在了我的脑海里。

小面包车穿行在在山路上，颠簸了很久，政府的“康庄工程”，使做了十多年的通村公路延伸到了村口。

阳弄，原来的名字叫阳龙，海拔约500米。村口有很多百年古树，作为风水林被保护下来，其中的18棵古红豆杉依然茂盛，就像18面写满时间印痕的绿色旗帜。

整个村子都掩在树林里，与风水林连在一起的是随风摇口的大片大片竹海，村庄、树林和竹海就这样图画般的结合在一起。

村子的面积并不大，房子也是零星的散

落状，全村的建筑为纯粹传统式的泥土墙，这些朴素的泥土墙散落于山坳间，层次分明，清一色的泥墙黑瓦给了游客一个赞叹的色调，这种色调大概和人们心念深处的老家有关。

错落的房屋，有的建在树林下，有的藏在竹林里。山顶绵延平坦，坡缓景浓，视野开阔。小巷路面以石子垒砌为主，土味十足。有空的时候，人们都坐在各自的门前谈天说地。

在村里的现在大多都是老人，平时靠山吃山，以制簸箕、扫帚等竹器为传统副业，过着近乎“原始”的生活，民风纯朴。

据《五云赵氏宗谱》载，阳弄村的先祖始祖由幽州蓟北、北京西南迁移至真定经洛阳、亳州、临安、杭州到缙云云塘，在1422年21世仁倪公为逃避苛税迁址阳龙（古村名）后改村名为阳弄，因高山地势延绵，龙脉结构丰厚，空气清鲜，山青水秀的自然美景确是令人神广心怡，于是老祖宗在此开天辟地，生根萌芽，距今已有1000多年的历史。

由于祖辈的辛勤劳作，为后人打造了一个翠竹丛生，自然环境优雅，尤其以红豆杉为特色的古村落、古民居，使其成为一道靓丽风景线。

在村里见到一队探险驴友，说是来走阳弄古道的。他们从缙云出发，在车站坐车到雅宅，沿小路上阳弄古道、看古亭、过小仙水洞、赏阳弄古村、经过横树塔、皂坑岭头、坑上回缙云。全程13公里的古道，野趣盎然，美景收获不少。

长亭外古道边，芳草碧连天。望着这千年古村，衷心希望这样的美能够不受这世道变化的影响，一直留存在人间。

苍岭古道：曾经的生命线

这是五月的一天，芳草萋萋，杜鹃簇簇，山岚时聚时散，飞瀑掩掩隐隐。我站在一个叫风门的地方，这是苍岭古道最险峻处。再往前，大山峰峦迭嶂，山势雄拔陡绝，古道蜿蜒曲折。

苍岭古道，当年是仙居走往内地的盐道，从某种程度来说，这是一条曾经的生命线，今天的苍岭古道，是一个在各地驴友中声名远播的名字，一条被驴友们誉为“浙江十大经典徒步线路”之一的旅行胜地。

从晚唐年间开始，在仙居境内就已经形成了一个内河商业中心，从海盐县等地熬制的食盐，经椒江逆水而上，再经永安溪到达仙居的皤滩镇，皤滩逐渐形成了盐埠，再往内地辐射，便要翻过高高的苍岭群山。

而我现在站着的，正好位于缙云和仙居交界处的南田村。只见大山紧紧夹峙，只容古道蜿蜒而下，这是道天然的屏障，也是古道的制高点。

据清《缙云县志》载:明嘉靖三十五年六月，浙江巡抚阮鄂当时在南田村口水龟山屯兵祭旗点将后，兵将神勇百倍下苍岭痛歼倭寇。可惜历数百年岁月后，当年高耸的点将台及台上的将台殿，都颓圮消失了。2004年，南田村自发集资修建了点将台和将台殿。这也算是一种纪念了。

高高的峻岭，齐膝的深草，蜿蜒的石径，深褐的块石……苍岭古道，路宽足有一米，两人相向而行，不需侧身相让。路面用大块岩石铺垫，岩石光滑如镜，粗糙的路石竟被人们千踩万踏得如此光滑，这足令驴友们感慨万千。

蜿蜒的古道中，分布着一座座用山石堆成的路廊，路廊没有门，非常宽敞明亮，古人经过时休息起来非常方便，据说古道繁荣之时，里面还有供过往客商饮用的茶水食品等。

站在荒废的路廊门口，不由地就想到了古代穿梭于其间的盐夫，这里记录了他们多少艰辛，洒下了他们多少汗水，寄托了他们多少希望和憧憬！想到了当地民歌唱的：头戴凉帽哎，冷饭缠腰！一里三歇哎，不怕苍岭天高！唱的正是挑担的苍岭盐夫。

据当地人说，除了路廊，古道上尚有相当数量的“宿店”，大约一里一栈！现在是因为古道荒废得久了，这些廊、栈才颓废消失的。

同行的当地朋友说，原来苍岭古道上有很多丹枫。我们极目远眺，期望找到久负盛名的丹枫，可惜未能如愿。但愿秋天再来走苍岭古道的时候，能够见到满山红叶的壮景。

苍岭古道西起缙云县壶镇镇的苍岭脚村，经过黄秧树、槐花树、冷水、黄泥岭和海拔800多米的南田等村，出风门后，下岭五里多，直到仙居县的苍岭坑村，全长约50里。古道两侧大山夹峙，山岭峻险，山道蜿蜒，被誉为“浙江西南第一岭”，是浙江十大徒步线路之一。

如今仍保存良好的六段古道：从冷水村到岭中的苍岭古道，上半段较陡的以条石横铺，下半段稍平坦的则以条石直铺与溪岩筑成；从岭中到山口的路段，以条石横铺为主；第三段是从老鹰岩茶亭到槐花树村，这三段古道与黄秧树村的短捧岭、黄秧树到羊上村的牛背垅、苍岭脚村的桥头梦岩三段合起来共六段。

贴士：苍岭坑、南田都有小店，坎下没有。如果从仙居横溪开始行走，不喜欢走马路的，可以包车直接到龙王殿，苍岭坑和坎下村的沿街值得体验一下。如果只走龙王殿到南田一段古道，强度就小多了。

在缙云，用这些填饱肚子

缙云土面：也称索面、索面卵。“汤饼一杯银丝乱，牵丝如缕王箸啃”。细滑香浓，咀嚼中有带着原汁原味的麦香，纯手工自作，不添加任何化学成分，绝对是上好的绿色食品……缙云农家风俗中，家来客人，或家人生日，均以“索面卵”招待，大碗索面堆成“丘”，上加炒肉丝和两只油煎鸡蛋饼盖顶（或两个剥壳的水煮蛋）。

缙云烧饼：去缙云不吃缙云烧饼，此乃憾事也。缙云烧饼也叫桶饼，做好面饼刷上番薯粉糖水，贴在桶炉内壁，经过高温炭火，烘烤成红黄色。既酥又糯，满口生香。肉馅讲究，缙云土猪肉和梅干菜的完美结合，不油不腻，香咸中带点甜味道……烧饼首选东门石头记附近那家，巷子口，老手艺，皮薄肉厚，半肥瘦比别人全瘦都瘦，超级饱满。

红烧溪鱼：缙云有好溪，好溪有溪鱼。经滚油红烧过的溪鱼，鱼刺变成酥软，鱼肉可口，食之回味无穷，是仙都的特色菜之一。

缙云麻鸭：因全身羽毛浅棕灰色似麻雀而得名，俗称草子鸭，水鸭。取小竹笋若干，与麻鸭一起放入煲中炖烂，既鲜美又爽口。

敲肉羹：滑、爽、鲜、嫩，四味俱全，人人喜欢。它的做法是：先把猪后腿精肉细细地切，拌上山粉，放到砧板上，再用刀背把肉敲细，锅内同时烧沸鲜汤汁，入土面碎、春笋、豆腐丝、香菇丝、黄花菜、香菇、猪肠、猪血等作料，然后将肉下锅，熟了后勾芡成羹，最后配上香油、葱末等，起锅即食。

豆腐丸：民间的传统小吃。豆腐丸无论怎么烧就是不会散。将两勺已捣碎的豆腐舀到碗中，加入肉末搅拌均匀，再用手搓碗，使碗中的豆腐肉末滚成圆球状。而后，放入开水锅中，烧煮片刻捞出，再放入另一肉骨头汤锅中继续炖。花一元钱，就能吃上4个豆腐丸，豆腐鲜嫩，汤味香醇。

壶镇牛杂汤：最爱滚烫的牛杂汤，洒一把香菜，那滋味顿时弥漫开来。电影院边上的雄伟牛杂馆最正宗。

有一杯浓咖叫『青田』
亲、我在青田

一天的生活从咖啡开始

旧城墙、老瓦房、青石板老街，转个弯，洋气十足的咖啡馆、酒吧、西餐厅，这不是电影手法里的蒙太奇，而是青田这个地方太神奇。

上午10点，小山城的人们陆续忙碌起来，开始了一天的生活。这样的节奏，对于这座叫青田的县城来说，最习以为常了。

“不是这里的太阳升得迟，是青田人的生活习惯接近欧洲时间，喜欢迟睡晚起。”在青田的“拉斐”咖啡馆，一位青田老人喝起了一天中的第一杯咖啡。

大街小巷，居然错落着近200家咖啡馆，这会让很多第一次来青田的人傻眼，在青田，连锁咖啡店是找不到的，青田人迷恋的是一种纯粹的欧式咖啡，不仅这些咖啡豆是从国外运进来了，就是咖啡机也是几十万的国外原装的，所以咖啡的味道肯定是最正点的。

青田的这些异域风情的店，实际上就是那些华侨在国外开的店的一个拷贝。

晚上，“欧陆风情一条街”，霓虹灯闪烁，流光溢彩，展示出万种风情。这里是当地人社交、聚会、洽谈生意的好去处。

“原本这里是破旧的老街。”青田的余先生是多年的老友，他介绍说，在这里做经营的很多是20世纪八十年代出国潮出国后，然后带着绿卡回到青田创业的。

“以前，来店里的客人都是回国探亲的华侨，他们在国外创业很艰苦，舍不得上咖啡馆。回国后，到咖啡馆喝咖啡反而成了身份的象征，那时的生意好得不得了。”

“你看，咖啡的表面有一层油，这样品质的咖啡在全国只有青田才有，需要用从欧洲进口的咖啡机，经专业咖啡师用纯正的咖啡豆，掌握磨制的火候，才能磨出一杯地道的意大利咖啡。”不是咖啡师的他说起意大利浓咖来也是头头是道。

“在青田任何一家咖啡屋和西餐厅，你都可以喝到最正宗的欧洲咖啡。”

上百家酒吧、咖啡馆，从装修到美食，都与世界同步：纯正的欧洲咖啡，法国乡村酒窖里地道的红酒，正宗的意大利牛排……

夜幕降临，华灯初上。咖啡、香水、巧克力、酒、挎包、欧洲品牌的衣服……

这是驰名世界的青田县。

在青田，农民穿着世界名牌下地干活是司空见惯的事情，也许，上午在地里干活的老伯，下午就会赶赴上海乘国际航班，去欧洲看儿女去了。

青田是个弹丸小城，巴掌大的一块地方，涌现出数十家颇上档次的酒店，哪家的生意都还算不错，特别是到了春节的时候，海外的华侨都回来了，那时候，酒店几乎都是客满的，很多酒店都可以直接用美元、欧元结算。

有些酒店外表看似不起眼，里面提供的服务可是一流的，不光修饰华丽，餐饮卫生，干净整洁，连服务生的穿戴都十分考究。随便问一位服务生，未来干什么，答案很可能是要出国，因为很多亲戚在国外，也开着这样的店。

在青田，还有一个奇观，那就是，世界各地的知名葡萄酒在侨乡聚首，在青田，很多红酒粉丝都会把红酒看作“动物”，因为，有一位诗人这样描绘红酒：“葡萄是

在青田 感受欧洲

一种美丽的植物，经过压榨和酿造，便成了一种更美丽的动物，因为葡萄成了酒，就有了动物的生命。”青田人都会品红酒，坐在椅子上，你可以把玩这些“美丽的动物”，倾听它们对岁月的歌吟。

享受惯了的青田人外出时难免在吃住方面挑挑拣拣，就连去周边邻近的几个地方也是怨声载道的，不是觉得服务不周道，就是觉得菜品不够精致。开始时还觉得他们太过挑剔，在青田生活久了，不知不觉中也变成一个吃食考究的人了。

追求饮食的品质又有什么过错呢，古人不是就说过嘛，“食也，性也。”追求美食本身就是人的天性，美食的精益求精恰恰是向往品质生活的表现。

青田的建筑无时不体现着欧洲的风格，从县城高层建筑的屋顶、窗台，到房子里面的结构，都能找到欧洲建筑的痕迹。

青田人很注重自己的衣着，这种习惯也绝对和“华侨之乡”的称谓有关，在丽水古堰画乡见过一位青田人，衣着很是得体，自我介绍是弹棉花的工匠，也会翻瓦，很是正式的衣着让人无法对他的职业划等号，等到那天亲自看到这位青田人登上老房子的屋顶，利索地干起翻瓦的行当时，此刻，似乎理解了青田人善于吃苦打拼的特点。

幼儿园里
上演“国际纠纷”

也许，在中国，再也找不出这样的村子，800多人的村民有650多人侨居世界50多个国家和地区，这样的奇观，只有青田有。

沿着崎岖的山路，我们到了被称为深山里的“联合国村”，在村中央一家商店门口聚集着一群七八十岁的老头老太太，他们正讨论着当天的欧元汇率。这些村民对世界外汇牌价的熟悉程度绝不亚于专业的银行人士，有一点是肯定的，他们知道，外汇牌价每波动一点点，他们兜里的那些汇自五湖四海的美元欧元也会或增或减。

龙现村是青田华侨发祥地之一。

在村头一棵百年梧桐树下，静静卧着一座中西合璧式砖木结构三合院。老宅子虽然已经斑驳陈旧，但墙上的那些外国国旗和地球仪，仿佛在告诉我们当年主人在海外的豪华生活和衣锦还乡的气派。

这座老宅的主人是首次将石雕、茶叶带到欧美的龙现人吴乾奎老先生。和老宅一起流传于世的，还有主人的创业故事。1905年，吴乾奎带着青田特产茶叶和石雕来到比利时。在比利时赛会上青田茶叶获得了银奖，吴乾奎也因此名声大噪，赚到了第一桶金。中国驻比利时商务大臣赠给他的“海外观光”匾额，现在还挂在中堂。

次年，吴乾奎带着石雕来到了美国。1915年，青田石雕在美国旧金山召开的“巴拿马国际博览会”上展出，一时震惊世界。从此，青田石雕就源源不断地销往美洲、欧洲等地。

如今，“联合国村”里有着许多新鲜事。经常有不同国籍的孩子被送回老家来读书，村里的幼儿园的孩子们组成了名副其实的“联合国班”。有人开玩笑，村中孩子打架，都有可能是一场“国际纠纷”。

惜石斋：倪东方和他的石头们

有一种石头叫叶腊石，叶腊石用于工业，是一种原料，用于艺术，那就是石雕。不知道从何时起，金石学术界干脆直接用这个城市的名字给予定义——青田石。

青田县山口镇石雕城，“惜石斋”坐落在三楼，引路的青田朋友说，这是青田石雕大师倪东方的家。倪东方在石雕界是国宝级的人物，温家宝总理曾经来惜石斋拜访过他。

倪大师鹤发童颜、笑声朗朗。走进他的“惜石斋”，就像进入了一个青田石雕的艺术殿堂，聆听这位大师的故事，就好像看一部生动的青田石雕的发展史。

1928年10月，倪东方出生在山口镇一个叫黄坑底的小山村。村子风景优美，还靠近雕刻石的产区。农忙种地，农闲雕石是这个村落最大的特点了。对于雕石，当年的分工是男人采石，女人刻石。

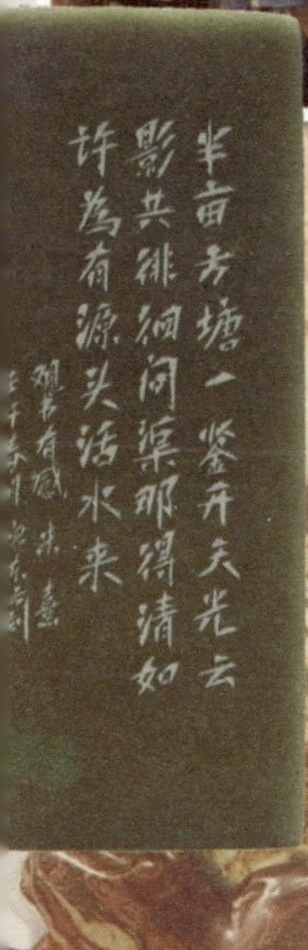

受环境影响，倪老很小的时候就开始玩雕刻石了。谁也没想到，他最早的雕刻作品竟然是棋子，“我用雕刻石制成黑的一方，白的一方在母亲的帮助下也很快就制成了。又用雕刻石在那石头平面画成棋盘，线条分

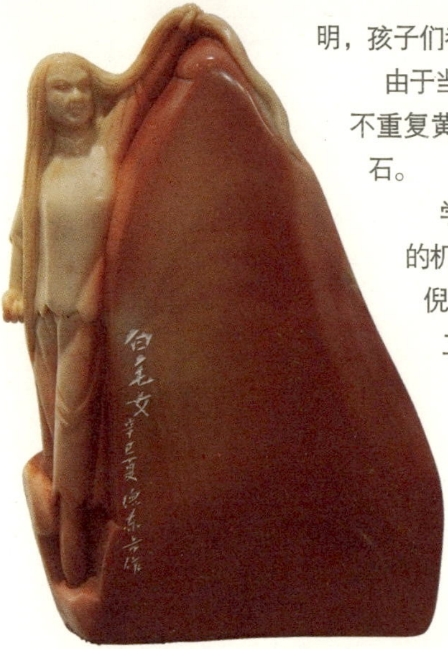

明，孩子们都喜欢玩我的雕刻石棋。”

由于当时的家境，15岁的倪东方辍学了，他不得不重复黄坑底人的传统生活：农忙种地，农闲雕石。

学刻石，他的启蒙师傅是自已的母亲，“我的机遇是在新中国成立后。”1955年，27岁的倪东方成为青田县山口石刻社的一名锯料工。那时锯料全凭手工，每天得将大量石料锯成各种尺寸的坯料。这种机械而繁重的工作，却成了倪了解不同石料石性的契机。

3年的锯料工，练就了他的相石本领。更在与石头朝夕相处的过程中，产生了要亲手把一块块青田石变成一件件雕刻精美的作品的强烈愿望。

此后，他为了能够真正成为石雕艺术创作员，主动要求下调一级工资，去当石雕学徒。工夫不负有心人，经过努力，1961年，他担任青田石雕二厂的副厂长兼创作组组长，成为青田石雕艺术界的精英。

在青田，经营青田石的商人得到了一块好石头，会第一时间拿到倪东方的惜石斋，因为只要倪看得上的青田石，人家开口要多少钱，他都会给。

倪东方对石料相当爱惜，他认为，“石料是否珍贵”是创作珍品的第一条件，所以，倪对好石头心疼得紧。在他的记忆中，他和老伴只红过一次脸，就因为石头。是因为老伴把烧火木柴放在石头上。

在倪的眼里，石头是上天的恩赐。倪东方有着自己的石刻理论：以石头为主人，刻者为客人。石刻要“客随主便，因材施雕”。

1988年，他得到一块封门石，其中有黑色、黄色，放在创作室里，长期得不到满意的构思。直到十一年后，1999年的一天夜里，灵感迸发，突然想到了“此山本是鹤家乡”这句诗。对，就雕鹤和松。鹤身是黄的，足是黑色的，一体两色正好符合这块石头的特点。至于松也可借用黑色料。

于是，一款惟妙惟肖的《恋松图》雕刻成功了。

倪大师自1988年退休后，每天从早晨6点钟到上午9点半，然后下午3点到晚上，是雷打不动的石雕创作时间。期间会接待来客，做好推广介绍青田石雕艺术的工作。惜石斋自20世纪80年代初开馆以来，接待了不计其数的参观客人。

前几年，倪大师把卖作品的钱都投到了山口镇“千丝岩”风景区的建设中，这是不带任何功利性质的公益行为。在他的主持下，现在十八尊大型花岗岩罗汉雕塑屹立在千丝岩的峭壁旁，郭沫若、舒同、启功、张爱萍、周而复、沙孟海等文化名人对青田石雕赞誉的碑林石刻，被矗立在了景区的入口处……

“我这是在雕刻着真山真水啊！”倪大师说。其实，他雕刻的不仅仅是真山真水，还有真人，那就是他自己。

青田石雕是以青田石作为材料雕制而成的艺术品。以秀美的造型、精湛的技艺博得人们喜爱，被喻为“在石头上绣花”，令人叹为观止。

青田石，地质学称“叶蜡石”，是一种耐高温的矿物。叶蜡石并非都可用于雕刻，可用于雕刻的是优等叶蜡石，它占总量不到百分之一。青田石色彩丰富、光泽秀润、质地细腻、软硬适中，可雕性极强。用青田石雕制的作品五彩缤纷、玲珑剔透、晶莹如玉，别具艺术效果。青田石中石英分子结构均匀细密，雕镂的线条可细微到头发丝而不断裂，做成印章，篆刻时走刀利落顺畅，印章久用不损边锋，印油不易渗入印体。

品评青田石雕作品，一般来讲，首先入眼的是造型，继而是石质、石色，再是题材内容及技巧。一件好的石雕作品，应该是立意新颖、造型美观、石色利用巧妙、石质上乘、刻划周到、技艺精湛等因素的融汇综合。

亲
我在丽水！

我的旅行日记

青田石的美丽传说

青田石产于浙江青田县。青田石的石性石质和寿山石不大相同。青田石是青色为基色主调，寿山石则红、黄、白数种颜色并存。青田石的名品有灯光冻、鱼脑冻、酱油冻、风门青、不景冻、薄荷冻、田墨、田白等。

相传住在西天瑶池的西王母，每逢蟠桃成熟的三月三，就大开金阁，大摆寿宴，邀请诸仙赴蟠桃宴会。群仙纷至沓来前往祝寿。一次王母兴来之时，随手将一杯琼浆撒落人间，恰巧落在青田山上，从此天生了很多如珠如玉的冻石。

另一个关于青田石的传说，讲的是远古时代一块女娲用来补天剩下的五彩遗石，因自愧派不上用场，于是向娲皇请缨到下界，后来五彩遗石下凡的地方就是青田县，这块五彩遗石也因此被称为青田石。

石门洞寻仙记

小时候，就知道刘伯温这个名字，上知天文下知地理，是个神仙般的人物，长大了才知道，刘伯温出生在文成，在青田读的书，有一个景区就和刘伯温联系在一起，那就是青田的石门洞。

沿瓯江，过船寮，车行景移，左侧呈现一带好溪碧水，对岸就是石门洞了。远眺，相隔数百米碧绿清澈的溪水，但见对岸“两峰壁立，相对如门”。哦，大名鼎鼎的刘伯温当年就隐居在对岸读书的，谁也不知道这位高人当年读的什么

书，倒是要看看，这个山清水秀的所在，是怎么孕育出这个高人来。

登上一艘人车渡轮，远远看去，对岸的山门宛如一大块凝碧的冻石。两峰豁口处便是石门。渡船的时候，我问主人：“这石门有什么好看？”青田主人答曰:“这是有名的风景区呀，刘伯温读书处。”这话让人兴趣盎然。

对岸须臾即达。一进“石门”，两侧百仞悬崖之间，顺着一条干涸见底的小溪，踏着林荫小径前行，顿觉深远幽邃，凉意爽人。

青田石门洞素来与雁荡、天台、仙都齐名为“括苍四胜”，瓯江右岸，依山傍水，景色瑰丽，因横过石门渡，那龙、虎两峰愉似两道石屏而得名。往里走，刘文成公祠便坐落在峡谷的底部，小路

的尽头，新塑的刘基像端坐在简陋的神殿中。

石门洞天最精彩的部分在刘基祠后，转过一孔圆门，只见一座大山，翠屏一样地突兀升起，一条瀑布，飘飘洒洒地摇口而下，把承接它的那口半圆石潭，浇注成碧绿的月亮潭。

蜿蜒的路径旁，时不时出现的诗碑在告知着游人，游石门洞千百年前已经是一种时尚了，谢灵运、李白、王安石、沈括、陆游、汤显祖、乾隆皇帝、郭沫若等历代名人墨客在此留下了大量诗篇和摩崖题刻。这些人现在都已驾鹤仙去。不知道当年是石门洞的什么吸引了这么众多的文人墨客，每个考证这个问题的人都有不一样的理由。

倒是石门洞的清、幽、灵、古、奇、险、野、趣这样的特色，是做人间神仙的必要元素，想到了这些，那就在刘伯温当年读书处找块石头安静的坐下，泡一壶上好的茶，你看，这样像神仙吗？

青田石门洞依山傍水，景色瑰丽，素来与雁荡、天台、仙都齐名为“括苍四胜”，曾是明朝国师刘伯温长期修学、修身、修养、修炼、休整的重要场所。古村四周青山环抱，连绵起伏，错落有致，良好的山水格局及乡村民俗中融入了大量的刘基文化底蕴，是一处品读历史文化名人、品味悠闲乡村生活的养生旅游圣地。

门票：石门飞瀑60元，伯温怀古30元，陈诚故居30元，儿童身高1.3以下免票。

自驾线路：330国道丽水出发40公里，青田出发30公里：金丽温高速公路青田段海口出口或船寮出口出，再开10钟到景区。

公共交通：青田市区乘坐青田——海口、丽水——青田班次公交，10分钟1班 ，到石门洞景区下即可；

火车站下车坐出租车（10元）或公交车（1元/人，随便哪路公交车都行）到对面车站，买去石门洞车票（8元/人），约50分钟，石门洞门票60元/人；或直接打的到石门洞，大概80元左右。

贴士：在洞背村可吃到青田地道小吃，如青田麦饼、山粉饺。

在青田，这样吃最小资

咖啡+火腿+红酒

意大利浓咖： 青田人爱喝咖啡，特别是意式浓咖。在青田的任何一家咖啡馆，你都可以喝到纯正的意式浓咖，15元一杯，绝对的价廉物美。

哈蒙拼盘： “哈蒙”音译词，就是火腿的意思。圆圆的大大的木制盘里，放着意大利不同风味的肉类，最上面一层是切成薄薄一片片的西班牙火腿肉，另外还有肉肠片，叉上一片卷着盘中的水果一起吃，口感非常独特。一片哈蒙，一口红酒是青田人最经典的吃法，在青田的西餐厅都可以吃到。

稻田养鱼

在青田，这样吃最地道

田鱼+面条+大虾

青田田鱼：青田人把鱼养在稻田里，故名为"田鱼"，是青田的特有鱼种。此种田鱼嘴边无须，腰部无筋，外鳞柔软。红烧田鱼是青田的传统名菜。青田方山田鱼村，是吃红烧田鱼的绝佳去处。青田农户还有熏晒田鱼干的传统，通过屠宰、盐制、干燥、配料、熏制等工序，制成田鱼干型，色香味俱全。

蛋面：鸡蛋加到番薯粉里加水调和成薄饼状，烧时切条即可，汤里可加青菜、肉末、田鱼干等，味道鲜美，几乎每一个青田人都爱吃。

大街拌面：青田老街有一家拌面店，每天晚上六点到九点营业，面质与普通的面不同，很有弹性，拌面里有豆芽、酸菜和肉末，平价又好吃，深受学生一族青睐。

烟肉圈大虾：正宗的意大利菜肴，虾外面包着一层烟熏过的肉片，然后一起烤，放到清炒过的蘑菇上面，样式漂亮，味道美妙，不可错过。推荐地点：捷捷西餐厅。

特别鸣谢
Acknowledgement

黄镜如和@施施然走过，
你们为本书画的手绘插图太有爱了！

泽艺广告设计师张龙道披星戴月地工作，十二分的宽容，
让我们感动1毛（1毛=10分）！

丽水市旅游局，莲都，庆元，龙泉，云和，遂昌，松阳，缙云
和青田旅游局提供的部分靓照和攻略文字，为本书锦上添花
（此处应有掌声）

感谢东西岩，缙云仙都，云和梯田，遂昌金矿以及石门洞
景区的大力支持！（泪奔~★）

最后，谢谢阅读并创作这本书的你，
因为有你的加入，让这本书如此与众不同！（撒花）

亲，我在丽水
东西岩代金券
20元
有效期：2014年1月1日-2014年12月31日

亲，我在丽水
缙云仙都代金券
20元
有效期：2014年1月1日-2014年12月31日

亲，我在丽水
云和梯田代金券
20元
有效期：2014年1月1日-2014年12月31日

亲，我在丽水
遂昌金矿代金券
20元
有效期：2014年1月1日-2014年12月31日

亲，我在丽水
石门洞代金券
20元
有效期：2014年1月1日-2014年12月31日

此券在东西岩景区可抵扣20元现金

使用说明：
1. 每人每个景区只能使用一张代金券，不得与景区其它优惠方式同时使用；
2. 在景区购买门票时请出示此代金券；
3. 此券在标注日期内有效，过期无效；
4. 最终解释权归东西岩景区所有。

亲，我在丽水

此券在缙云仙都景区可抵扣20元现金

使用说明：
1. 缙云仙都景区需同时购买鼎湖峰和芙蓉峡两个景点门票时可抵扣，联票亦可抵扣；
2. 每人每个景区只能使用一张代金券，不得与景区其它优惠方式同时使用；
3. 在景区购买门票时请出示此代金券；
4. 此券在标注日期内有效，过期无效；
5. 最终解释权归缙云仙都景区所有。

亲，我在丽水

此券在云和梯田景区可抵扣20元现金

使用说明：
1. 每人每个景区只能使用一张代金券，不得与景区其它优惠方式同时使用；
2. 在景区购买门票时请出示此代金券；
3. 此券在标注日期内有效，过期无效；
4. 最终解释权归云和梯田景区所有。

亲，我在丽水

此券在遂昌金矿景区可抵扣20元现金

使用说明：
1. 每人每个景区只能使用一张代金券，不得与景区其它优惠方式同时使用；
2. 在景区购买门票时请出示此代金券；
3. 此券在标注日期内有效，过期无效；
4. 最终解释权归遂昌金矿景区所有。

亲，我在丽水

此券在石门洞景区可抵扣20元现金

使用说明：
1. 每人每个景区只能使用一张代金券，不得与景区其它优惠方式同时使用；
2. 在景区购买门票时请出示此代金券；
3. 此券在标注日期内有效，过期无效；
4. 最终解释权归石门洞景区所有。

亲，我在丽水